KONSTEN ATT BÖRSTANAR.
KRING~~
VÅ

Släpp loss din bakkreativitet med 100
oemotståndliga salta och söta recept

Monica Axelsson

upphovsrätt Material ©2023

Allt Rättigheter Reserverad

Nej del av detta bok Maj be Begagnade eller överförs i några form eller stad några betyder utan de rätt skriven samtycke av _ förlag anda upphovsrätt ägare, bortsett från för kort citat Begagnade i a recension. Detta bok skall notera be anses vara a ersättning för medicinsk, Rättslig, eller Övrig pr av essional råd.

INNEHÅLLSFÖRTECKNING

INNEHÅLLSFÖRTECKNING..3
INTRODUKTION..7
BRÖPINNAR...8
1. Palitos de pan..9
2. Grissini all erbe..12
3. En sparag oss Breadsticks..14
4. Grissini...16
5. Taralli...19
6. Ferrarese bröd...22
7. Coppia Ferrarese med honung...................................24
8. Pumpernickel och rågbrödstavar...............................27
9. Rosmarin- och timjanbrödstavar...............................29
10. Salvia brödpinnar...31
11. Mjuka brödpinnar med fänkålsfrön........................33
12. Vilda risbrödpinnar...35
13. Lök-fänkålsbrödstavar...37
14. Pepperoni brödpinnar...39
15. Prosciutto-lindade brödpinnar med Fig.................41
16. Grundläggande olivolja brödpinnar.......................43
17. Brödpinnar med svartpeppar & cheddar...............45
18. Chili Bacon Brödpinnar..47
19. Fänkål och grovsalt brödpinnar...............................49
20. Jalapeno brödpinnar..51
21. Kraftostbrödstavar..53
22. Nötiga brödpinnar...55
23. Olive Garden brödpinnar...57
PRETZELS..59
24. Alsace kringla...60
25. Crunchy Pretzel Drops..63
26. Curry pretzels...65
27. Dessertkringlor...67
28. Espresso pretzels..69

29. Pennsylvania holländska pretzels..................................71
30. Pepparostkringlor..73
31. Pepparmyntskringlor...75
32. Philadelphia mjuka kringlor.......................................77
33. Schokoladenpretzel (chokladkringlor).............................79
34. Spindelkringlor...81
35. Taralli (italienska pretzels)....................................83
36. Sköldpaddskringlor..85
37. Vit choklad godis pretzels..87
38. Bakade pretzels...89
39. Bovete pretzels...92
40. Karamelldoppade chokladtäckta pretzels...........................94
41. Ost & Dijon pretzels..96
42. Chokladmandelkringlor...99
43. Chokladkringlakakor..101
44. Chokladdoppade pretzels..104
45. Vitlöksörtkringlor...106
46. Jalebis..109
47. Pretzels (danska pretzel-formade bröd)..........................112
48. Neujahrspretzel (nyårskringlor).................................115
49. Gamla landskärnmjölkskringlor....................................117
50. Oliv & vitlökskringlor...119
51. Yoghurt täckta pretzels..122
CHURROS...124
52. Grundläggande Churros..125
53. Kanel churros..128
54. Churros och choklad..130
55. Groblad _ Churro sid...132
56. Red Velvet Spanish Churros.......................................134
57. San Diablo Artisan Churros......................................137
58. Bakade Churros...140
59. Choklad Churros..143
60. Karamellfyllda Churros...145
61. Pumpa Spice Churros..147
62. Glutenfria Churros...149

63. Nutellafyllda Churros...151
64. Churro glass smörgåsar..153
65. Dulce de Leche Churros...155
66. Matcha Churros..157
67. Röd sammet Churros...159
68. Churro Bites..161
69. Citron Churros...163
70. Kokos Churros...165
71. Churro våfflor..167
72. Strawberry Cheesecake Churros...................................170
BAGVÄNDNINGAR..172
73. Kanel Sugar Twists...173
74. Caramel Twists..175
75. Österrikiska vändningar...177
76. Pizza Twists..179
77. Svenska Anis Twists...181
78. Nutella konditorivaror..183
79. Air Fryer Sweet Twists..185
80. Lemony Sweet Twists..187
81. Ost och skinka twists..189
82. Choklad och hasselnöt Twists......................................191
83. Tiramisu Twists..193
84. Vitlök Parmesan Twists...195
85. Jalapeno Cheddar Twists..197
86. Buffalo Chicken Twists...199
87. Pesto och soltorkade tomater.....................................201
88. Spenat och Feta Twists..203
89. BBQ Pulled Pork Twists..205
90. S'mores Twists..207
91. Caprese Twists..209
92. Apple Cinnamon Twists..211
93. Skinka och ost Twists...213
94. Pesto Kyckling Alfredo Twists......................................215
95. Maple Bacon Twists...217
96. Medelhavet Twists...219

97. Nötiga Caramel Twists..221
98. Hallon Cream Cheese Twists..223
99. Citron Blåbär Twists..225
100. Maple Pecan Twists...227
SLUTSATS..229

INTRODUKTION

Välkommen till en värld av brödpinnar, kringlor och twists – ett förtjusande universum där degiga skapelser förvandlas till krispiga, sega och alldeles läckra godsaker. I den här kokboken bjuder vi in dig på en kulinarisk resa som kommer att tillfredsställa både ditt sug och din äventyrslust. Oavsett om du är en erfaren bagare eller en nybörjare i köket, kommer dessa recept att ge dig möjlighet att bemästra konsten att skapa oemotståndliga snacks och aptitretare som kommer att imponera på familj, vänner och till och med dig själv.

På dessa sidor hittar du en mängd recept som spänner över spektrumet från klassiskt till uppfinningsrikt. Från traditionella brödpinnar pudrade med doftande örter till mjuka kringlor doppade i syrlig senap, och från söta kanelvridningar till ostiga fyllda läckerheter, den här kokboken har något för alla smaker. Vi har noggrant sammanställt recept som är enkla att följa, åtföljda av användbara tips och tekniker för att säkerställa att ditt bakarbete blir en rungande framgång.

Så, knyt upp ditt förkläde, pudra händerna med mjöl och gör dig redo att ge dig ut på ett kulinariskt äventyr som kommer att fylla ditt kök med lockande aromer och dina smaklökar med ren förtjusning. Låt resan börja!

BRÖPINNAR

1. Palitos de pan

INGREDIENSER:
- 2 koppar universalmjöl
- 1 tsk salt
- 1 tsk socker
- 2 ¼ teskedar aktiv torrjäst
- ⅔ kopp varmt vatten
- 2 matskedar olivolja
- Valfritt pålägg: sesamfrön, vallmofrön, riven parmesanost, etc.

INSTRUKTIONER:
a) I en liten skål, lös upp sockret i varmt vatten. Strö jästen över vattnet och låt stå i ca 5 minuter tills den blir skum.
b) Kombinera allsidigt mjöl och salt i en mixerskål. Gör en brunn i mitten och häll i jästblandningen och olivolja.
c) Blanda ihop ingredienserna tills en deg bildas. Lägg över degen till en mjölad yta och knåda den i ca 5-10 minuter tills den blir slät och elastisk. Tillsätt mer mjöl om det behövs för att förhindra att det fastnar.
d) Lägg degen i en smord bunke, täck den med en ren kökshandduk och låt den jäsa på en varm plats i ca 1 timme eller tills den fördubblats i storlek.
e) Värm ugnen till 200°C (400°F) och klä en plåt med bakplåtspapper.
f) Stansa ner degen för att släppa ut eventuella luftbubblor. Dela degen i små portioner och rulla varje del till en tunn stavliknande form, cirka ½ tum tjock och 6-8 tum lång.
g) Lägg brödpinnarna på den förberedda bakplåten, lämna lite utrymme mellan dem. Om så önskas, strö valfria pålägg

som sesamfrön, vallmofrön eller riven parmesanost över brödstängerna.

h) Grädda brödpinnarna i den förvärmda ugnen i ca 12-15 minuter eller tills de blir gyllenbruna och krispiga.

i) Ta ut brödpinnarna ur ugnen och låt dem svalna på galler innan servering.

2.Grissini all erbe

INGREDIENSER:
- 1 limpa franskt bröd, (8-ounce)
- 1 msk olivolja
- 1 vitlöksklyfta, halverad
- $\frac{3}{4}$ tesked torkad oregano
- $\frac{3}{4}$ tesked torkad basilika
- $\frac{1}{8}$ tesked salt

INSTRUKTIONER:
a) Skär brödet på mitten på tvären och skär varje bit på mitten horisontellt.

b) Borsta oljan jämnt över de skurna sidorna av brödet; gnugga med vitlök. Strö oregano, basilika och salt över brödet. Skär varje brödbit på längden i 3 stavar.

c) Placera brödpinnar på en plåt; grädda i 300 grader i 25 minuter eller tills de är knapriga.

3.En sparag oss Breadsticks

INGREDIENSER:

- 2 Bröddegslimpor
- 1 stor äggvita
- $\frac{1}{4}$ kopp riven parmesanost
- 1 tsk Torkade dragonblad
- 1 tsk torkad dillgräs

INSTRUKTIONER:

a) Lägg bröden på en mjölad bräda och klappa varje bröd till en 5x10" rektangel. Täck lätt med plastfolie och låt jäsa tills de är pösigt, 45 minuter till 1 timme.

b) Skär varje bröd på tvären i 9 lika stora bitar.

c) Ta upp ändarna av varje bit och sträck ut den till längden av en 12x15" smord bakplåt och lägg på pannan; om degen snäpper tillbaka, låt vila några minuter och sträck sedan ut igen.

d) Upprepa för att göra varje pinne, med ungefär $1\frac{1}{2}$" mellanrum.

e) Klipp av degen med en sax i 45' vinkel för att göra snitt med cirka $\frac{1}{2}$" isär längs cirka 4" av 1 ände av varje pinne.

4.Grissini

INGREDIENSER:
- 2 dl brödmjöl
- 1 tsk salt
- 1 tsk socker
- 1 msk olivolja
- ¾ kopp varmt vatten
- Valfritt: sesamfrön eller vallmofrön att strö över

INSTRUKTIONER:
a) Blanda brödmjöl, salt och socker i en mixerskål. Blanda väl för att fördela ingredienserna jämnt.
b) Gör en brunn i mitten av de torra ingredienserna och häll i olivoljan och varmt vatten.
c) Rör om blandningen med en träslev eller händerna tills den går ihop till en deg.
d) Lägg över degen till en mjölad yta och knåda den i ca 5-7 minuter tills den blir slät och elastisk.
e) Dela degen i mindre delar. Ta en portion i taget och kavla ut den till en tunn repliknande form, cirka ¼ tum i diameter.
f) Skär den utkavlade degen i 8-10 tum långa stavar. Du kan göra dem kortare eller längre baserat på dina önskemål.
g) Lägg grissinistavarna på en plåt med bakplåtspapper. Lämna lite utrymme mellan pinnarna så att de kan expandera.
h) Om så önskas kan du pensla grissinistavarna med olivolja och strö sesamfrön eller vallmofrön ovanpå för extra smak och konsistens.
i) Värm ugnen till 400°F (200°C).
j) Låt grissinistavarna vila och jäsa ca 15-20 minuter.

k) Grädda grissini i den förvärmda ugnen i ca 15-20 minuter eller tills de blir gyllenbruna och krispiga.

l) När de är gräddade tar du ut grissini från ugnen och låter dem svalna på galler.

5. Taralli

INGREDIENSER:
- 4 koppar universalmjöl
- 2 teskedar salt
- 2 teskedar socker
- 2 teskedar bakpulver
- 120 ml (½ kopp) vitt vin
- 120 ml (½ kopp) extra virgin olivolja
- Vatten (efter behov)
- Valfria smakämnen: fänkålsfrön, svartpeppar, chiliflakes, etc.

INSTRUKTIONER:
a) I en stor blandningsskål, kombinera mjöl, salt, socker och bakpulver. Blanda väl.
b) Tillsätt det vita vinet och olivoljan till de torra ingredienserna. Blanda tills ingredienserna börjar gå ihop.
c) Tillsätt gradvis vatten, lite i taget, medan du knådar degen med händerna tills du har en smidig och lite fast deg. Mängden vatten som behövs kan variera beroende på luftfuktigheten i din miljö.
d) Om så önskas, tillsätt smakämnen som fänkålsfrön, svartpeppar eller chiliflakes till degen. Knåda degen några gånger till för att fördela smakerna jämnt.
e) Dela degen i mindre delar och rulla varje del till ett tunt rep, cirka 1 cm (0,4 tum) i diameter.
f) Skär repet i små bitar, cirka 7-10 cm (2,8-4 tum) långt.
g) Ta varje del och foga ihop ändarna, bildar en ringform.
h) Värm ugnen till 180°C (350°F).
i) Koka upp en stor kastrull med vatten. Tillsätt en näve salt i det kokande vattnet.

j) Släpp försiktigt ner några Taralli åt gången i det kokande vattnet och koka i ca 1-2 minuter, eller tills de flyter upp till ytan.

k) Använd en hålslev eller skummare, ta bort den kokta Taralli från vattnet och överför dem till en plåt klädd med bakplåtspapper.

l) Sätt in Taralli i den förvärmda ugnen och grädda i ca 25-30 minuter, eller tills de blir gyllenbruna och krispiga.

m) Ta ut Taralli från ugnen och låt dem svalna helt innan servering.

6.Ferrarese bröd

INGREDIENSER:

- 500 g Mjöl 00
- 175 g vatten
- 30 g ister
- 50 g moderjäst
- 9 g salt
- 5 g malt
- 20 g extra jungfruolja

INSTRUKTIONER:

a) Häll vattnet, malten i en skål och lös moderjästen i den, tillsätt mjölet och arbeta tills allt är blandat. Sätt i isteret och låt det absorberas väl, när degen är färdig, tillsätt olja och salt och knåda till en slät och homogen massa. Dela degen i 8 bröd à 95-100 g för att få 4 Ferrara-par på ca 195-200 g.

b) Arbeta varje block med en kavel eller med pastamaskinen tills du får en tjocklek på 1,2 cm.

c) Rulla nu ihop varje bröd: håll i ena änden med ena handen och med den andra börja rulla och rulla ut och gå långsamt nästan till slutet av brödet, upprepa operationen med en annan bröd.

d) Vid denna tidpunkt förena dem för att bilda ett par (du måste trycka dem på mitten) och lägg dem att jäsa på en bakplåt på en varm plats i 90-120 minuter.

e) Värm ugnen till 200°C och tillaga dem i 18-20 minuter.

7.Coppia Ferrarese med honung

INGREDIENSER:
FÖR LEDELSEN:
- 200 g universalmjöl
- 1 tsk olivolja
- 1 tsk honung
- Ljummet vatten
- För deg:
- 1 kg mjöl (typ 0)
- 350 ml vatten
- 60 gram fläskfett
- 40 ml extra virgin olivolja
- 100 g blad
- 1 tsk salt
- 1 msk kornmalt

INSTRUKTIONER:
LÄMNA:
a) Ta 200 g mjöl i en skål.
b) Tillsätt lite ljummet vatten, en tesked olja och en tesked honung till mjölet.
c) Blanda tills en slät blandning bildas utan klumpar.
d) Forma mjölblandningen till en boll.
e) Lägg mjölbollen i en skål.
f) Täck skålen med en fuktig kökshandduk.
g) Låt mjölet vila i 48 timmar för att jäsa.
h) Tillsätt några teskedar ljummet vatten, knåda igen och täck med en fuktig kökshandduk en gång till.
i) Bladen bör fräschas upp varje vecka.
FÖR BRÖD:
j) Lägg alla ingredienser till degen i en kraftig mixer.
k) Slå på mixern och knåda i 15 till 20 minuter.

l) Flytta degen till en bänkskiva eller plan yta.
m) Dela degen i bollar med en diameter på ca 5 cm.
n) För att forma den manuellt, kavla ut varje boll på en mjölad yta till remsor ca 30 cm långa.
o) Använd handflatan för att trycka till degen som den för strudel medan du rullar den till konformade horn.
p) Fläta ihop par av sådana rullar för att erhålla parens karaktäristiska form (fyra konformade horn sammanvävda i mitten).
q) När de har formats, överför du paren på en träskiva.
r) Täck paren med en våt kökshandduk.
s) Låt den vila i 1 timme till 1 ½ timme.
t) Värm ugnen till 375°F.
u) Grädda paren tills de är gyllenbruna.
v) Ta ut Coppia Ferrarese från ugnen och skjut in på ett galler för att svalna.
w) Coppia Ferrarese är redo att serveras.

8. Pumpernickel och rågbrödstavar

INGREDIENSER:

- 1 dl rågmjöl
- 1 kopp universalmjöl
- 1/2 kopp pumpernickelmjöl
- 2 teskedar bakpulver
- 1 tsk salt
- 1 tsk kumminfrön
- 1/4 kopp osaltat smör, smält
- 3/4 kopp mjölk

INSTRUKTIONER:

a) Värm ugnen till 375°F (190°C). Klä en plåt med bakplåtspapper.
b) I en stor skål, vispa ihop rågmjöl, allroundmjöl, pumpernickelmjöl, bakpulver, salt och kummin.
c) Kombinera det smälta smöret och mjölken i en separat skål. Häll de blöta ingredienserna i de torra ingredienserna och rör tills degen går ihop.
d) Vänd ut degen på en lätt mjölad yta och knåda den några gånger tills den är slät.
e) Dela degen i 12 lika stora bitar och rulla varje bit till en 6-tums (15 cm) lång brödpinne.
f) Lägg brödpinnarna på den förberedda bakplåten och grädda i 15-18 minuter, eller tills de är gyllenbruna.
g) Låt pinnarna svalna något innan servering.

9. Rosmarin- och timjanbrödstavar

INGREDIENSER:

- 2 1/4 koppar universalmjöl
- 2 teskedar bakpulver
- 1 tsk salt
- 1 msk färsk rosmarin, finhackad
- 1 msk färska timjanblad
- 1/4 kopp osaltat smör, smält
- 3/4 kopp mjölk

INSTRUKTIONER:

a) Värm ugnen till 375°F (190°C). Klä en plåt med bakplåtspapper.
b) I en stor skål, vispa ihop mjöl, bakpulver, salt, färsk rosmarin och färska timjanblad.
c) Kombinera det smälta smöret och mjölken i en separat skål. Häll de blöta ingredienserna i de torra ingredienserna och rör tills degen går ihop.
d) Vänd ut degen på en lätt mjölad yta och knåda den några gånger tills den är slät.
e) Dela degen i 12 lika stora bitar och rulla varje bit till en 6-tums (15 cm) lång brödpinne.
f) Lägg brödpinnarna på den förberedda bakplåten och grädda i 15-18 minuter, eller tills de är gyllenbruna.
g) Låt pinnarna svalna något innan servering.

10. Salvia brödpinnar

INGREDIENSER:

- 2 1/4 koppar universalmjöl
- 2 teskedar bakpulver
- 1 tsk salt
- 1 msk färsk salvia, finhackad
- 1/4 kopp osaltat smör, smält
- 3/4 kopp mjölk

INSTRUKTIONER:

a) Värm ugnen till 375°F (190°C). Klä en plåt med bakplåtspapper.
b) I en stor skål, vispa ihop mjöl, bakpulver, salt och färsk salvia.
c) Kombinera det smälta smöret och mjölken i en separat skål. Häll de blöta ingredienserna i de torra ingredienserna och rör tills degen går ihop.
d) Vänd ut degen på en lätt mjölad yta och knåda den några gånger tills den är slät.
e) Dela degen i 12 lika stora bitar och rulla varje bit till en 6-tums (15 cm) lång brödpinne.
f) Lägg brödpinnarna på den förberedda bakplåten och grädda i 15-18 minuter, eller tills de är gyllenbruna.
g) Låt pinnarna svalna något innan servering.

11.Mjuka brödpinnar med fänkålsfrön

INGREDIENSER:

- 2 1/4 koppar universalmjöl
- 2 teskedar bakpulver
- 1 tsk salt
- 2 msk fänkålsfrön
- 1/4 kopp osaltat smör, smält
- 3/4 kopp mjölk

INSTRUKTIONER:

a) Värm ugnen till 375°F (190°C). Klä en plåt med bakplåtspapper.
b) I en stor skål, vispa ihop mjöl, bakpulver, salt och fänkålsfrön.
c) Kombinera det smälta smöret och mjölken i en separat skål. Häll de blöta ingredienserna i de torra ingredienserna och rör tills degen går ihop.
d) Vänd ut degen på en lätt mjölad yta och knåda den några gånger tills den är slät.
e) Dela degen i 12 lika stora bitar och rulla varje bit till en 6-tums (15 cm) lång brödpinne.
f) Lägg brödpinnarna på den förberedda bakplåten och grädda i 15-18 minuter, eller tills de är gyllenbruna.
g) Låt pinnarna svalna något innan servering.

12. Vilda risbrödpinnar

INGREDIENSER:

- 1 kopp kokt vildris
- 2 1/4 koppar universalmjöl
- 2 teskedar bakpulver
- 1 tsk salt
- 1/4 kopp osaltat smör, smält
- 3/4 kopp mjölk

INSTRUKTIONER:

a) Värm ugnen till 375°F (190°C). Klä en plåt med bakplåtspapper.
b) I en stor skål, kombinera det kokta vildriset, mjölet, bakpulvret och saltet.
c) Kombinera det smälta smöret och mjölken i en separat skål. Häll de blöta ingredienserna i de torra ingredienserna och rör tills degen går ihop.
d) Vänd ut degen på en lätt mjölad yta och knåda den några gånger tills den är slät.
e) Dela degen i 12 lika stora bitar och rulla varje bit till en 6-tums (15 cm) lång brödpinne.
f) Lägg brödpinnarna på den förberedda bakplåten och grädda i 15-18 minuter, eller tills de är gyllenbruna.
g) Låt pinnarna svalna något innan servering.

13.Lök-fänkålsbrödstavar

INGREDIENSER:

- 2 1/4 koppar universalmjöl
- 2 teskedar bakpulver
- 1 tsk salt
- 1/2 kopp finhackad lök
- 1 msk fänkålsfrön
- 1/4 kopp osaltat smör, smält
- 3/4 kopp mjölk

INSTRUKTIONER:

a) Värm ugnen till 375°F (190°C). Klä en plåt med bakplåtspapper.
b) I en stor skål, vispa ihop mjöl, bakpulver och salt.
c) Tillsätt den finhackade löken och fänkålsfröna till de torra ingredienserna och blanda väl.
d) Kombinera det smälta smöret och mjölken i en separat skål. Häll de blöta ingredienserna i de torra ingredienserna och rör tills degen går ihop.
e) Vänd ut degen på en lätt mjölad yta och knåda den några gånger tills den är slät.
f) Dela degen i 12 lika stora bitar och rulla varje bit till en 6-tums (15 cm) lång brödpinne.
g) Lägg brödpinnarna på den förberedda bakplåten och grädda i 15-18 minuter, eller tills de är gyllenbruna.
h) Låt pinnarna svalna något innan servering.

14.Pepperoni brödpinnar

INGREDIENSER:
- 2 1/4 koppar universalmjöl
- 2 teskedar bakpulver
- 1 tsk salt
- 1 tsk torkad italiensk krydda
- 1/2 kopp finhackad pepperoni
- 1/4 kopp osaltat smör, smält
- 3/4 kopp mjölk

INSTRUKTIONER:
a) Värm ugnen till 375°F (190°C). Klä en plåt med bakplåtspapper.
b) I en stor skål, vispa ihop mjöl, bakpulver, salt och torkad italiensk krydda.
c) Tillsätt den finhackade pepperonin till de torra ingredienserna och blanda väl.
d) Kombinera det smälta smöret och mjölken i en separat skål. Häll de blöta ingredienserna i de torra ingredienserna och rör tills degen går ihop.
e) Vänd ut degen på en lätt mjölad yta och knåda den några gånger tills den är slät.
f) Dela degen i 12 lika stora bitar och rulla varje bit till en 6-tums (15 cm) lång brödpinne.
g) Lägg brödpinnarna på den förberedda bakplåten och grädda i 15-18 minuter, eller tills de är gyllenbruna.
h) Låt pinnarna svalna något innan servering.

15.Prosciutto-lindade brödpinnar med Fig

INGREDIENSER:

- 12 brödpinnar (köpta i butik eller hemgjorda)
- 6 skivor prosciutto, halverad på längden
- 6 torkade fikon, halverade

INSTRUKTIONER:

a) Värm ugnen till 375°F (190°C). Klä en plåt med bakplåtspapper.
b) Varva varje brödpinne med en halv skiva prosciutto.
c) Placera ett halverat torkat fikon på toppen av varje brödpinne, fäst det med parmaskinka.
d) Lägg de inlindade brödstängerna på den förberedda bakplåten och grädda i 10-12 minuter, eller tills prosciutton är krispig.
e) Låt pinnarna svalna något innan servering.

16.Grundläggande olivolja brödpinnar

INGREDIENSER:

- 2 koppar universalmjöl
- 1 tsk salt
- 1 tsk socker
- 1 msk aktiv torrjäst
- 1/2 kopp varmt vatten
- 1/4 kopp olivolja
- Valfritt pålägg: grovt salt, torkade örter (som rosmarin eller timjan)

INSTRUKTIONER:

a) Blanda mjöl, salt och socker i en mixerskål.
b) I en separat liten skål, lös upp jästen i varmt vatten och låt den sitta i 5 minuter tills den skummar.
c) Tillsätt jästblandningen och olivoljan till mjölblandningen. Rör om tills degen går ihop.
d) Lägg över degen till en lätt mjölad yta och knåda i ca 5 minuter tills den är slät och elastisk.
e) Lägg degen i en smord skål, täck med en ren kökshandduk och låt den jäsa på en varm plats i ca 1 timme eller tills den har dubbelt så stor storlek.
f) Värm ugnen till 375°F (190°C).
g) Stansa ner degen och dela den i lika stora delar.
h) Rulla varje portion till en tunn brödstav.
i) Lägg brödpinnarna på en plåt klädd med bakplåtspapper.
j) Pensla eventuellt brödstängerna med olivolja och strö över grovt salt eller torkade örter.
k) Grädda i 12-15 minuter eller tills de är gyllenbruna.
l) Låt brödpinnarna svalna innan servering.

17. Brödpinnar med svartpeppar & cheddar

INGREDIENSER:

- 2 1/4 koppar universalmjöl
- 2 teskedar bakpulver
- 1 tsk salt
- 1/2 tsk svartpeppar
- 1 dl riven cheddarost
- 1/4 kopp osaltat smör, smält
- 3/4 kopp mjölk

INSTRUKTIONER:

a) Värm ugnen till 375°F (190°C). Klä en plåt med bakplåtspapper.
b) I en stor skål, vispa ihop mjöl, bakpulver, salt och svartpeppar.
c) Tillsätt den strimlade cheddarosten till de torra ingredienserna och blanda väl.
d) Kombinera det smälta smöret och mjölken i en separat skål. Häll de blöta ingredienserna i de torra ingredienserna och rör tills degen går ihop.
e) Vänd ut degen på en lätt mjölad yta och knåda den några gånger tills den är slät.
f) Dela degen i 12 lika stora bitar och rulla varje bit till en 6-tums (15 cm) lång brödpinne.
g) Lägg brödpinnarna på den förberedda bakplåten och grädda i 15-18 minuter, eller tills de är gyllenbruna.
h) Låt pinnarna svalna något innan servering.

18.Chili Bacon Brödpinnar

INGREDIENSER:

2 1/4 koppar universalmjöl
2 teskedar bakpulver
1 tsk salt
1 msk chilipulver
1/2 kopp kokt och smulat bacon
1/4 kopp osaltat smör, smält
3/4 kopp mjölk

a) **INSTRUKTIONER:**
b) Värm ugnen till 375°F (190°C). Klä en plåt med bakplåtspapper.
c) I en stor skål, vispa ihop mjöl, bakpulver, salt och chilipulver.
d) Tillsätt det kokta och smulade baconet till de torra ingredienserna och blanda väl.
e) Kombinera det smälta smöret och mjölken i en separat skål. Häll de blöta ingredienserna i de torra ingredienserna och rör tills degen går ihop.
f) Vänd ut degen på en lätt mjölad yta och knåda den några gånger tills den är slät.
g) Dela degen i 12 lika stora bitar och rulla varje bit till en 6-tums (15 cm) lång brödpinne.
h) Lägg brödpinnarna på den förberedda bakplåten och grädda i 15-18 minuter, eller tills de är gyllenbruna.
i) Låt pinnarna svalna något innan servering.

19.Fänkål och grovsalt brödpinnar

INGREDIENSER:
- 2 1/4 koppar universalmjöl
- 2 teskedar bakpulver
- 1 tsk salt
- 1 msk fänkålsfrön
- 2 msk grovt salt
- 1/4 kopp osaltat smör, smält
- 3/4 kopp mjölk

INSTRUKTIONER:
a) Värm ugnen till 375°F (190°C). Klä en plåt med bakplåtspapper.
b) I en stor skål, vispa ihop mjöl, bakpulver, salt och fänkålsfrön.
c) Kombinera det smälta smöret och mjölken i en separat skål. Häll de blöta ingredienserna i de torra ingredienserna och rör tills degen går ihop.
d) Vänd ut degen på en lätt mjölad yta och knåda den några gånger tills den är slät.
e) Dela degen i 12 lika stora bitar och rulla varje bit till en 6-tums (15 cm) lång brödpinne.
f) Lägg brödpinnarna på den förberedda bakplåten. Strö det grova saltet över pinnarna.
g) Grädda i 15-18 minuter, eller tills de är gyllenbruna.
h) Låt pinnarna svalna något innan servering.

20. Jalapeno brödpinnar

INGREDIENSER:
- 2 1/4 koppar universalmjöl
- 2 teskedar bakpulver
- 1 tsk salt
- 2 jalapenopeppar, kärnade och finhackade
- 1/4 kopp osaltat smör, smält
- 3/4 kopp mjölk

INSTRUKTIONER:
a) Värm ugnen till 375°F (190°C). Klä en plåt med bakplåtspapper.
b) I en stor skål, vispa ihop mjöl, bakpulver, salt och hackad jalapenopeppar.
c) Kombinera det smälta smöret och mjölken i en separat skål. Häll de blöta ingredienserna i de torra ingredienserna och rör tills degen går ihop.
d) Vänd ut degen på en lätt mjölad yta och knåda den några gånger tills den är slät.
e) Dela degen i 12 lika stora bitar och rulla varje bit till en 6-tums (15 cm) lång brödpinne.
f) Lägg brödpinnarna på den förberedda bakplåten och grädda i 15-18 minuter, eller tills de är gyllenbruna.
g) Låt pinnarna svalna något innan servering.

21.Kraftostbrödstavar

INGREDIENSER:

- 2 1/4 koppar universalmjöl
- 2 teskedar bakpulver
- 1 tsk salt
- 1 kopp riven kraftost (ek, cheddar, mozzarella)
- 1/4 kopp osaltat smör, smält
- 3/4 kopp mjölk

INSTRUKTIONER:

a) Värm ugnen till 375°F (190°C). Klä en plåt med bakplåtspapper.
b) I en stor skål, vispa ihop mjöl, bakpulver och salt.
c) Tillsätt den rivna osten till de torra ingredienserna och blanda väl.
d) Kombinera det smälta smöret och mjölken i en separat skål. Häll de blöta ingredienserna i de torra ingredienserna och rör tills degen går ihop.
e) Vänd ut degen på en lätt mjölad yta och knåda den några gånger tills den är slät.
f) Dela degen i 12 lika stora bitar och rulla varje bit till en 6-tums (15 cm) lång brödpinne.
g) Lägg brödpinnarna på den förberedda bakplåten och grädda i 15-18 minuter, eller tills de är gyllenbruna.
h) Låt pinnarna svalna något innan servering.

22. Nötiga brödpinnar

INGREDIENSER:

- 2 1/4 koppar universalmjöl
- 2 teskedar bakpulver
- 1 tsk salt
- 1/2 kopp hackade nötter (ek, valnötter, mandel)
- 1/4 kopp osaltat smör, smält
- 3/4 kopp mjölk

INSTRUKTIONER:

a) Värm ugnen till 375°F (190°C). Klä en plåt med bakplåtspapper.
b) I en stor skål, vispa ihop mjöl, bakpulver och salt.
c) Tillsätt de hackade nötterna till de torra ingredienserna och blanda väl.
d) Kombinera det smälta smöret och mjölken i en separat skål. Häll de blöta ingredienserna i de torra ingredienserna och rör tills degen går ihop.
e) Vänd ut degen på en lätt mjölad yta och knåda den några gånger tills den är slät.
f) Dela degen i 12 lika stora bitar och rulla varje bit till en 6-tums (15 cm) lång brödpinne.
g) Lägg brödpinnarna på den förberedda bakplåten och grädda i 15-18 minuter, eller tills de är gyllenbruna.
h) Låt pinnarna svalna något innan servering.

23.Olive Garden brödpinnar

INGREDIENSER:
- 2 1/4 koppar universalmjöl
- 2 teskedar bakpulver
- 1 tsk salt
- 1 tsk vitlökspulver
- 1 tsk torkad oregano
- 1/4 kopp osaltat smör, smält
- 3/4 kopp mjölk

INSTRUKTIONER:
a) Värm ugnen till 375°F (190°C). Klä en plåt med bakplåtspapper.
b) I en stor skål, vispa ihop mjöl, bakpulver, salt, vitlökspulver och torkad oregano.
c) Kombinera det smälta smöret och mjölken i en separat skål. Häll de blöta ingredienserna i de torra ingredienserna och rör tills degen går ihop.
d) Vänd ut degen på en lätt mjölad yta och knåda den några gånger tills den är slät.
e) Dela degen i 12 lika stora bitar och rulla varje bit till en 6-tums (15 cm) lång brödpinne.
f) Lägg brödpinnarna på den förberedda bakplåten och grädda i 15-18 minuter, eller tills de är gyllenbruna.
g) Låt pinnarna svalna något innan servering.

PRETZELS

24. Alsace kringla

INGREDIENSER:
- 4 koppar universalmjöl
- 2 teskedar salt
- 2 teskedar socker
- 2 ¼ teskedar aktiv torrjäst
- 1 kopp varmt vatten
- 4 matskedar osaltat smör, mjukat
- Grovt salt, till topping

FÖR DEN ALKALISKA LÖSNINGEN (VALFRI):
- 4 koppar vatten
- 2 matskedar bakpulver

INSTRUKTIONER:
a) I en stor blandningsskål, kombinera mjöl, salt och socker. Blanda väl för att fördela ingredienserna jämnt.
b) I en liten skål, lös upp jästen i varmt vatten. Låt det sitta i ca 5 minuter tills det blir skummande.
c) Häll jästblandningen i skålen med de torra ingredienserna. Tillsätt det mjukade smöret också. Rör om blandningen med en träslev eller händerna tills en deg bildas.
d) Lägg över degen på en lätt mjölad yta och knåda den i ca 8-10 minuter tills den blir slät och elastisk.
e) Lägg degen i en lätt smord skål och täck den med en ren kökshandduk eller plastfolie. Låt den jäsa på ett varmt, dragfritt område i cirka 1 till 1 ½ timme, eller tills det fördubblas i storlek.
f) Värm ugnen till 230°C (450°F) och klä en plåt med bakplåtspapper.

g) Stansa ner den jästa degen för att släppa ut luften. Dela degen i lika stora delar och rulla varje del till ett långt rep, cirka 40-50 centimeter (16-20 tum) långt.

h) För att forma kringlorna, forma varje rep till en U-form. Korsa ändarna över varandra två gånger och tryck sedan ändarna på den nedre kurvan av U-formen för att skapa den klassiska kringlaformen. Lägg kringlorna på den förberedda bakplåten.

i) Om så önskas, förbered den alkaliska lösningen genom att koka upp vatten i en stor kastrull. Tillsätt bakpulver i det kokande vattnet. Doppa försiktigt varje kringla i den kokande alkaliska lösningen i cirka 10 sekunder och sätt sedan tillbaka den på bakplåten. Detta steg ger kringlorna sin karaktäristiska mörka och glansiga skorpa. Alternativt kan du hoppa över detta steg för en ljusare skorpa.

j) Strö grovt salt generöst över kringlorna.

k) Grädda Bretzel d'Alsace i den förvärmda ugnen i cirka 12-15 minuter, eller tills de blir gyllenbruna.

l) Ta ut kringlorna ur ugnen och låt dem svalna på galler innan servering.

25. Crunchy Pretzel Drops

INGREDIENSER:
- 2 dl kringla twists, lätt krossade
- 1 dl osaltade jordnötter eller blandade nötter
- 1 kopp mini kringlor
- 1 kopp majsflingor i rutor
- 1/4 kopp osaltat smör, smält
- 1 msk Worcestershiresås
- 1 tsk vitlökspulver
- 1 tsk lökpulver
- 1/2 tsk paprika
- 1/4 tsk cayennepeppar (valfritt)

INSTRUKTIONER:
a) Värm ugnen till 250°F (120°C). Klä en plåt med bakplåtspapper.
b) Kombinera kringlor, jordnötter, minikringlor och majsflingor i en stor skål.
c) I en separat liten skål, vispa ihop det smälta smöret, Worcestershiresås, vitlökspulver, lökpulver, paprika och cayennepeppar (om du använder).
d) Häll smörblandningen över kringlablandningen och rör om så att den blir jämn.
e) Bred ut den belagda kringlablandningen på den förberedda bakplåten i ett jämnt lager.
f) Grädda i den förvärmda ugnen i cirka 1 timme, rör om var 15:e minut, tills kringlorna är knapriga och gyllenbruna.
g) Ta ut ur ugnen och låt dem svalna helt innan servering.

26.Curry pretzels

INGREDIENSER:
- 2 koppar kringla twists
- 2 msk osaltat smör, smält
- 1 msk currypulver
- 1/2 tsk vitlökspulver
- 1/2 tsk lökpulver
- 1/4 tsk cayennepeppar (valfritt)
- Salta två nycklar

INSTRUKTIONER:
a) Värm ugnen till 325°F (160°C). Klä en plåt med bakplåtspapper.
b) I en stor skål, kombinera kringlor, smält smör, currypulver, vitlökspulver, lökpulver, cayennepeppar (om du använder) och salt. Kasta för att belägga kringlorna jämnt.
c) Bred ut de belagda kringlorna på den förberedda bakplåten i ett enda lager.
d) Grädda i den förvärmda ugnen i cirka 10-15 minuter, rör om en eller två gånger, tills kringlorna är rostade och doftande.
e) Ta ut ur ugnen och låt dem svalna helt innan servering.

27. Dessertkringlor

INGREDIENSER:
- Pretzel rötter eller twists
- Smält choklad eller godis smälter (mjölk, mörk eller vit choklad)
- Blandade pålägg (t.ex. strössel, krossade nötter, riven kokos)

INSTRUKTIONER:
a) Klä en plåt med bakplåtspapper.
b) Smält chokladen eller godissmältorna enligt anvisningarna på förpackningen.
c) Doppa varje kringla i den smälta chokladen, låt överskottet droppa av.
d) Strö omedelbart över ditt val av pålägg medan chokladen fortfarande är blöt.
e) Lägg de dekorerade kringlorna på den förberedda bakplåten.
f) Låt chokladen stelna i rumstemperatur eller ställ bakplåten i kylen för snabbare stelning.
g) När den stelnat, ta bort från kylen och servera.

28. Espresso pretzels

INGREDIENSER:
- 2 koppar universalmjöl
- 1 msk instant espressopulver
- 1 tsk salt
- 1 matsked socker
- 1 paket (2 ¼ teskedar) aktiv torrjäst
- 1 kopp varmt vatten
- Grovt salt att strö över
- 1 ägg, uppvispat

INSTRUKTIONER:
a) I en stor skål, kombinera mjöl, espressopulver, salt och socker.
b) I en separat liten skål, lös upp jästen i varmt vatten och låt den sitta i 5 minuter tills den blir skum.
c) Häll jästblandningen i de torra ingredienserna och blanda tills en deg bildas.
d) Vänd upp degen på en mjölad yta och knåda i ca 5 minuter tills den är slät och elastisk.
e) Lägg degen i en smord skål, täck med en ren kökshandduk och låt den jäsa på en varm plats i ca 1 timme eller tills den har dubbelt så stor storlek.
f) Värm ugnen till 425°F (220°C) och klä en plåt med bakplåtspapper.
g) Dela degen i små bitar och rulla varje bit till en lång repform. Vrid degen till kringlor.
h) Lägg kringlorna på den förberedda bakplåten och pensla dem med det uppvispade ägget. Strö grovt salt ovanpå.
i) Grädda i 12-15 minuter eller tills de är gyllenbruna. Låt dem svalna innan servering.

29.Pennsylvania holländska pretzels

INGREDIENSER:
- 2 koppar varmt vatten
- 1 matsked socker
- 1 msk aktiv torrjäst
- 4 ½ koppar universalmjöl
- 2 teskedar salt
- ¼ kopp bakpulver
- Grovt salt att strö över

INSTRUKTIONER:
a) I en stor skål, kombinera varmt vatten och socker. Strö jäst över vattnet och låt stå i 5 minuter eller tills det skummar.
b) Tillsätt mjöl och salt i skålen och blanda tills en deg bildas.
c) Vänd upp degen på en mjölad yta och knåda i ca 5 minuter tills den är slät och elastisk.
d) Lägg degen i en smord skål, täck med en ren kökshandduk och låt den jäsa på en varm plats i ca 1 timme eller tills den har dubbelt så stor storlek.
e) Värm ugnen till 450°F (230°C) och klä en plåt med bakplåtspapper.
f) Koka upp vatten i en stor gryta och tillsätt bakpulver.
g) Dela degen i små bitar och rulla varje bit till en lång repform. Vrid degen till kringlor.
h) Doppa varje kringla i det kokande vattnet med bakpulver i cirka 30 sekunder och lägg dem på den förberedda bakplåten.
i) Strö grovt salt ovanpå kringlorna.
j) Grädda i 10-12 minuter eller tills de är gyllenbruna. Låt dem svalna innan servering.

30.Pepparostkringlor

INGREDIENSER:

- 2 koppar universalmjöl
- 1 matsked socker
- 1 ½ tsk bakpulver
- 1 tsk salt
- 1 tsk svartpeppar
- 1 kopp strimlad pepparjackost
- ½ kopp mjölk
- ¼ kopp osaltat smör, smält
- Grovt salt att strö över

INSTRUKTIONER:

a) Värm ugnen till 425°F (220°C) och klä en plåt med bakplåtspapper.
b) I en stor skål, kombinera mjöl, socker, bakpulver, salt, svartpeppar och riven ost.
c) Blanda mjölken och det smälta smöret i en separat liten skål.
d) Häll mjölk- och smörblandningen i de torra ingredienserna och rör tills en deg bildas.
e) Vänd upp degen på en mjölad yta och knåda några minuter tills den är slät.
f) Dela degen i små bitar och rulla varje bit till en lång repform. Vrid degen till kringlor.
g) Lägg kringlorna på den förberedda bakplåten och strö grovt salt ovanpå.
h) Grädda i 12-15 minuter eller tills de är gyllenbruna. Låt dem svalna innan servering.

31.Pepparmyntskringlor

INGREDIENSER:

- 12 kringla rötter
- 1 kopp vita chokladchips
- $\frac{1}{2}$ tsk pepparmyntsextrakt
- Krossade godisrör till garnering

INSTRUKTIONER:

a) Klä en plåt med bakplåtspapper.
b) I en mikrovågssäker skål, smält de vita chokladchipsen i 30-sekundersintervaller, rör om emellan, tills den är slät och smält.
c) Rör ner pepparmintsextraktet i den smälta chokladen.
d) Doppa varje kringelstav i den smälta chokladen, täck den ungefär $\frac{3}{4}$ av vägen.
e) Placera de belagda kringelstavarna på den förberedda bakplåten och strö krossade godisrör över chokladöverdraget.
f) Ställ bakplåten i kylen i ca 15-20 minuter eller tills chokladen stelnat.
g) När de har stelnat, ta bort pretzelrören från kylskåpet och servera.

32.Philadelphia mjuka kringlor

INGREDIENSER:
- 1 ½ dl varmt vatten
- 1 matsked socker
- 2 teskedar salt
- 1 paket (2 ¼ teskedar) aktiv torrjäst
- 4 ½ koppar universalmjöl
- 4 matskedar osaltat smör, smält
- Grovt salt att strö över

INSTRUKTIONER:
a) I en stor skål, kombinera varmt vatten, socker och salt. Strö jästen över vattnet och låt stå i 5 minuter eller tills det skummar.
b) Tillsätt mjöl och smält smör i bunken och blanda tills en deg bildas.
c) Vänd upp degen på en mjölad yta och knåda i ca 5-7 minuter tills den är slät och elastisk.
d) Lägg degen i en smord skål, täck med en ren kökshandduk och låt den jäsa på en varm plats i ca 1 timme eller tills den har dubbelt så stor storlek.
e) Värm ugnen till 425°F (220°C) och klä en plåt med bakplåtspapper.
f) Dela degen i lika stora bitar och rulla varje bit till en lång repform. Forma degen till kringlor.
g) Lägg kringlorna på den förberedda bakplåten och strö grovt salt ovanpå.
h) Grädda i 12-15 minuter eller tills de är gyllenbruna. Låt dem svalna innan servering.

33. Schokoladenpretzel (chokladkringlor)

INGREDIENSER:

- 12 kringla snoddar eller stavar
- 1 kopp halvsöt chokladchips
- 1 matsked vegetabilisk olja
- Blandade pålägg (strössel, krossade nötter, riven kokos, etc.)

INSTRUKTIONER:

a) Klä en plåt med bakplåtspapper.
b) Kombinera chokladchips och vegetabilisk olja i en mikrovågssäker skål. Mikrovågsugn i 30-sekunders intervall, rör om emellan, tills chokladen är helt smält och slät.
c) Doppa varje kringla twist eller rot i den smälta chokladen, täck den helt.
d) Låt eventuell överflödig choklad droppa av och lägg sedan den belagda kringlan på den förberedda bakplåten.
e) Medan chokladen fortfarande är blöt, strö önskade pålägg på kringlorna.
f) Upprepa processen med de återstående kringlorna.
g) Ställ bakplåten i kylen i cirka 20 minuter eller tills chokladen stelnat.
h) När de stelnat tar du bort chokladkringlorna ur kylen och serverar.

34. Spindelkringlor

INGREDIENSER:

- 24 små kringla twists
- 1 kopp halvsöt chokladchips
- 48 godisögon
- 24 små runda godis (M&Ms eller liknande)

INSTRUKTIONER:

a) Klä en plåt med bakplåtspapper.
b) I en mikrovågssäker skål, smält chokladchipsen i 30-sekundersintervaller, rör om emellan, tills de är slät och smält.
c) Doppa varje kringla-twist halvvägs i den smälta chokladen, se till att lämna ändarna oskyddade.
d) Lägg de chokladdoppade kringlorna på den förberedda bakplåten.
e) Fäst två godisögon på varje kringla nära toppen.
f) Placera en liten rund godis i mitten, precis under ögonen, för att skapa spindelns kropp.
g) Upprepa processen med de återstående kringlorna.
h) Ställ bakplåten i kylen i cirka 20 minuter eller tills chokladen stelnat.
i) När de har stelnat, ta bort spindelkringlorna från kylskåpet och servera.

35. Taralli (italienska pretzels)

INGREDIENSER:

- 3 koppar universalmjöl
- 1 tsk salt
- 1 tsk svartpeppar
- 1 tsk fänkålsfrön
- ¼ kopp extra virgin olivolja
- 1 dl torrt vitt vin

INSTRUKTIONER:

a) Värm ugnen till 350°F (175°C) och klä en plåt med bakplåtspapper.
b) I en stor skål, kombinera mjöl, salt, svartpeppar och fänkålsfrön.
c) Tillsätt olivoljan i skålen och blanda tills det är väl inkorporerat.
d) Tillsätt det vita vinet gradvis, blanda tills en deg bildas.
e) Vänd upp degen på en mjölad yta och knåda några minuter tills den är slät.
f) Dela degen i små bitar och rulla varje bit till en repform, cirka ½ tum tjock och 4-6 tum lång.
g) Forma varje rep till en kringlaform, tryck ihop ändarna för att säkra.
h) Lägg kringlorna på den förberedda bakplåten.
i) Grädda i 20-25 minuter eller tills de är gyllenbruna.
j) Låt tarallin svalna innan servering.

36.Sköldpaddskringlor

INGREDIENSER:

- 24 små kringlor eller rutor
- 24 chokladtäckta karamellgodisar (som Rolo)
- 24 pekannötshalvor

INSTRUKTIONER:

a) Värm ugnen till 350°F (175°C) och klä en plåt med bakplåtspapper.
b) Placera kringlor eller rutor på den förberedda bakplåten.
c) Packa upp de chokladtäckta karamellgodisarna och lägg en ovanpå varje kringla.
d) Grädda i 2-3 minuter, bara tills karamellen börjar mjukna.
e) Ta bort bakplåten från ugnen och tryck försiktigt en pekannötshalva på varje karamell, platta till den något.
f) Låt sköldpaddskringlorna svalna helt innan servering.

37. Vit choklad godis pretzels

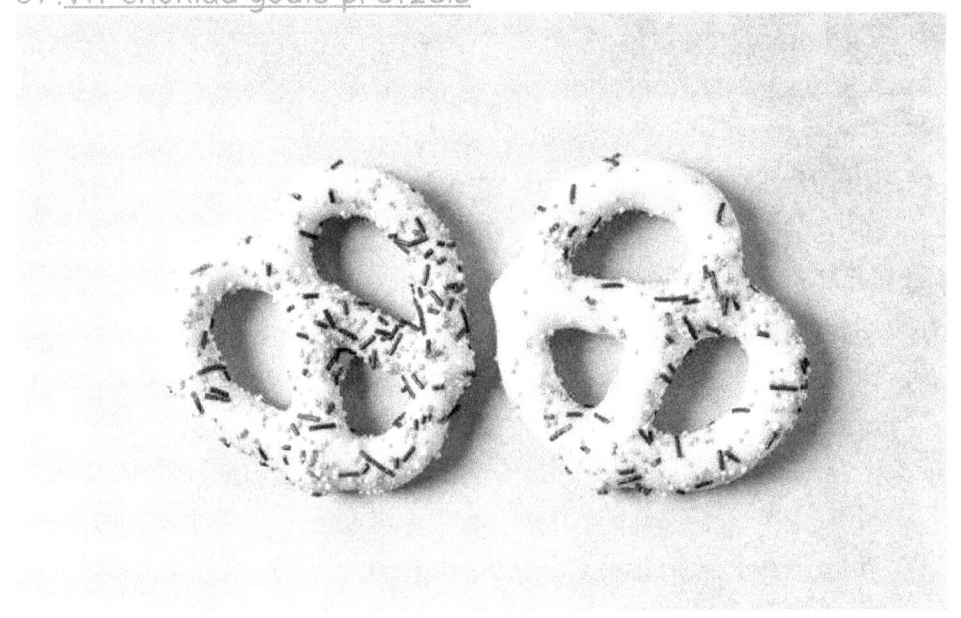

INGREDIENSER:
- 24 kringla twists
- 1 kopp vita chokladchips
- 1 matsked vegetabilisk olja
- Blandade färgade godis smälter eller strössel

INSTRUKTIONER:
a) Klä en plåt med bakplåtspapper.
b) Kombinera de vita chokladchipsen och vegetabilisk olja i en mikrovågssäker skål. Mikrovågsugn i 30-sekunders intervall, rör om emellan, tills chokladen är helt smält och slät.
c) Doppa varje kringla twist i den smälta vita chokladen, täck den helt.
d) Låt eventuell överflödig choklad droppa av och lägg sedan den belagda kringlan på den förberedda bakplåten.
e) Medan den vita chokladen fortfarande är blöt, ringla eller strö den färgade godissmältan eller strö över kringlorna för dekoration.
f) Upprepa processen med de återstående kringlorna.
g) Ställ bakplåten i kylen i cirka 20 minuter eller tills chokladen stelnat.
h) När de har stelnat tar du bort de vita chokladgodiskringlorna ur kylskåpet och serverar.

38. Bakade pretzels

INGREDIENSER:

- 2 ¼ koppar universalmjöl
- 1 tsk salt
- 1 matsked socker
- 2 ¼ teskedar snabbjäst
- 1 kopp varmt vatten
- 2 matskedar bakpulver
- Grovt salt att strö över

INSTRUKTIONER:

Blanda mjöl, salt, socker och jäst i en mixerskål. Tillsätt varmt vatten och blanda tills en deg bildas.

Knåda degen på lätt mjölat underlag i ca 5 minuter tills den är slät och elastisk.

Dela degen i lika stora bitar och rulla varje bit till ett långt rep.

Forma repen till kringlor genom att korsa ändarna över varandra och trycka på den nedre kurvan.

Värm ugnen till 425°F (220°C).

Koka upp vattnet i en stor gryta. Tillsätt bakpulver.

Koka kringlorna, en eller två åt gången, i cirka 30 sekunder. Ta bort dem med en hålslev och lägg på en bakplåtspapperklädd plåt.
Strö kringlorna med grovt salt.

Grädda i den förvärmda ugnen i ca 12-15 minuter eller tills de är gyllenbruna.
Ta ut ur ugnen och låt dem svalna något innan servering.

39. Bovete pretzels

INGREDIENSER:
2 dl bovetemjöl
1 kopp universalmjöl
2 teskedar salt
1 tsk socker
1 ¼ koppar varmt vatten
2 ¼ teskedar snabbjäst
Grovt salt att strö över

INSTRUKTIONER:

I en blandningsskål, kombinera bovetemjöl, universalmjöl, salt, socker, jäst och varmt vatten. Blanda tills en deg bildas.

Knåda degen på lätt mjölat underlag i ca 5 minuter tills den är slät och elastisk.

Dela degen i lika stora bitar och rulla varje bit till ett långt rep.

Forma repen till kringlor genom att korsa ändarna över varandra och trycka på den nedre kurvan.

Värm ugnen till 425°F (220°C).

Lägg kringlorna på en bakplåtspappersklädd plåt.

Strö kringlorna med grovt salt.

Grädda i den förvärmda ugnen i ca 12-15 minuter eller tills de är gyllenbruna.

Ta ut ur ugnen och låt dem svalna något innan servering.

40. Karamelldoppade chokladtäckta pretzels

INGREDIENSER:

- Kringla rötter
- 1 kopp karameller (oförpackade)
- 1 kopp chokladchips
- Blandade pålägg (t.ex. strössel, krossade nötter)

INSTRUKTIONER:

a) Klä en plåt med bakplåtspapper.
b) Smält karamellerna i en mikrovågssäker skål enligt anvisningarna på förpackningen.
c) Doppa varje kringelrot i den smälta karamellen, låt eventuellt överskott droppa av. Lägg de karamellbelagda kringlorna på den förberedda bakplåten.
d) Ställ bakplåten i kylen i ca 15 minuter för att stelna karamellen.
e) Smält chokladchipsen i mikrovågsugnen i en annan mikrovågssäker skål, rör om var 30:e sekund tills den är slät.
f) Doppa varje karamellbelagd kringlastav i den smälta chokladen, låt eventuellt överskott droppa av.
g) Strö omedelbart över ditt val av pålägg medan chokladen fortfarande är blöt.
h) Lägg tillbaka de chokladdoppade kringlorna på bakplåten och kyl tills chokladen stelnat.
i) När den stelnat, ta bort från kylen och servera.

41. Ost & Dijon pretzels

INGREDIENSER:

- 2 ¼ koppar universalmjöl
- 1 tsk salt
- 1 matsked socker
- 2 ¼ teskedar snabbjäst
- 1 kopp varmt vatten
- 2 matskedar bakpulver
- 1 kopp riven ost (ek, cheddar, Gruyere)
- Dijonsenap till servering

INSTRUKTIONER:

a) I en stor blandningsskål, kombinera allsidigt mjöl, salt, socker och snabbjäst. Blanda väl.
b) Tillsätt varmt vatten till de torra ingredienserna och rör tills en deg bildas.
c) Lägg över degen till en mjölad yta och knåda den i ca 5 minuter tills den blir slät och elastisk. Du kan också använda en stativmixer med en degkrok för detta steg.
d) Lägg degen i en smord skål och täck den med en ren kökshandduk. Låt den jäsa på en varm plats i ca 1 timme eller tills den har dubbelt så stor storlek.
e) Värm ugnen till 425°F (220°C) och klä en plåt med bakplåtspapper.
f) I en grund skål, kombinera bakpulver och varmt vatten för att skapa en lösning.
g) När degen har jäst, slå ner den för att släppa ut luften. Dela den i 12 lika stora delar.
h) Ta en del av degen och rulla den till ett långt rep, cirka 20 tum (50 cm) långt.

i) Forma degen till en kringla genom att forma en U-form, korsa ändarna över varandra, och sedan vrida dem runt och trycka ner dem på botten av U-formen.

j) Doppa varje kringla i bakpulverlösningen och se till att båda sidorna är belagda. Detta steg ger kringlorna sin karakteristiska sega konsistens.

k) Lägg de doppade kringlorna på den förberedda bakplåten.

l) Strö en generös mängd riven ost på varje kringla, tryck försiktigt till den så att den fäster vid degen.

m) Grädda kringlorna i den förvärmda ugnen i ca 12-15 minuter eller tills de blir gyllenbruna och osten smält och bubblig.

n) Ta ut kringlorna ur ugnen och låt dem svalna något innan servering.

o) Servera Cheese & Dijon Pretzels varma med en sida av Dijonsenap för doppning.

42.Chokladmandelkringlor

INGREDIENSER:

Kringla rötter
1 kopp chokladchips
½ kopp hackad mandel

INSTRUKTIONER:
a) Klä en plåt med bakplåtspapper.
b) Smält chokladbitarna i en mikrovågssäker skål, rör om var 30:e sekund tills de är slät.
c) Doppa varje kringelrot i den smälta chokladen, låt eventuellt överskott droppa av.
d) Rulla omedelbart de chokladdoppade kringlorna i den hackade mandeln, tryck lätt för att fästa.
e) Lägg chokladmandelkringlorna på den förberedda bakplåten.
f) Låt chokladen stelna i rumstemperatur eller ställ bakplåten i kylen för snabbare stelning.
g) När den stelnat, ta bort från kylen och servera.

43. Chokladkringlakakor

INGREDIENSER:

1 dl smör, mjukat
1 kopp strösocker
1 kopp farinsocker
2 stora ägg
2 tsk vaniljextrakt
2 ½ koppar universalmjöl
½ kopp osötat kakaopulver
1 tsk bakpulver
½ tsk salt
2 dl hackade kringlor
1 kopp chokladchips

INSTRUKTIONER:

Värm ugnen till 350°F (175°C). Klä bakplåtar med bakplåtspapper.
I en stor bunke, grädda ihop smör, strösocker och farinsocker tills det är ljust och fluffigt.
Tillsätt äggen ett i taget, vispa ordentligt efter varje tillsats. Rör ner vaniljextraktet.
I en separat skål, vispa ihop mjöl, kakaopulver, bakpulver och salt.
Tillsätt gradvis de torra ingredienserna till smörblandningen och blanda tills det är väl blandat.
Vänd ner de hackade kringlorna och chokladbitarna.
Släpp rundade matskedar av deg på de förberedda bakplåtarna, håll dem cirka 2 tum från varandra.
Grädda i den förvärmda ugnen i 10-12 minuter eller tills kanterna stelnat.

Ta ut ur ugnen och låt kakorna svalna på plåtarna i några minuter innan du lägger dem på ett galler för att svalna helt.

44. Chokladdoppade pretzels

INGREDIENSER:
Pretzel twists eller rötter
1 kopp chokladchips (mjölk, mörk eller vit choklad)
Blandade pålägg (t.ex. strössel, krossade nötter, riven kokos)

INSTRUKTIONER:

Klä en plåt med bakplåtspapper.

Smält chokladbitarna i en mikrovågssäker skål, rör om var 30:e sekund tills de är slät.

Doppa varje kringla i den smälta chokladen, låt överskottet droppa av.

Lägg de chokladdoppade kringlorna på den förberedda bakplåten.

Strö omedelbart över ditt val av pålägg medan chokladen fortfarande är blöt.

Ställ bakplåten i kylen i ca 15-20 minuter så att chokladen stelnar.

När chokladen stelnat, ta ut ur kylen och servera.

45.Vitlöksörtkringlor

INGREDIENSER:
2 ¼ koppar universalmjöl
1 tsk salt
1 matsked socker
2 ¼ teskedar snabbjäst
1 kopp varmt vatten
2 matskedar bakpulver
1/4 kopp osaltat smör, smält
2 vitlöksklyftor, hackade
1 msk finhackade färska örter (ek, persilja, timjan, rosmarin)

INSTRUKTIONER:
a) I en stor blandningsskål, kombinera allsidigt mjöl, salt, socker och snabbjäst. Blanda väl.
b) Tillsätt varmt vatten till de torra ingredienserna och rör tills en deg bildas.
c) Lägg över degen till en mjölad yta och knåda den i ca 5 minuter tills den blir slät och elastisk. Du kan också använda en stativmixer med en degkrok för detta steg.
d) Lägg degen i en smord skål och täck den med en ren kökshandduk. Låt den jäsa på en varm plats i ca 1 timme eller tills den har dubbelt så stor storlek.
e) Värm ugnen till 425°F (220°C) och klä en plåt med bakplåtspapper.
f) I en grund skål, kombinera bakpulver och varmt vatten för att skapa en lösning.
g) När degen har jäst, slå ner den för att släppa ut luften. Dela den i 12 lika stora delar.
h) Ta en del av degen och rulla den till ett långt rep, cirka 20 tum (50 cm) långt.

i) Forma degen till en kringla genom att forma en U-form, korsa ändarna över varandra, och sedan vrida dem runt och trycka ner dem på botten av U-formen.

j) Doppa varje kringla i bakpulverlösningen och se till att båda sidorna är belagda. Detta steg ger kringlorna sin karakteristiska sega konsistens.

k) Lägg de doppade kringlorna på den förberedda bakplåten.

l) Blanda det smälta smöret, hackad vitlök och hackade färska örter i en liten skål.

m) Pensla smör- och örtblandningen generöst över varje kringla, se till att alla ytor är belagda.

n) Grädda kringlorna i den förvärmda ugnen i ca 12-15 minuter eller tills de blir gyllenbruna.

o) Ta ut kringlorna ur ugnen och låt dem svalna något innan servering.

46. Jalebis

INGREDIENSER:

- 1 kopp universalmjöl
- 1 matsked mannagryn
- 1 tsk bakpulver
- 1/2 kopp vanlig yoghurt
- 1/2 kopp varmt vatten
- 1 tsk saffranstrådar (valfritt)
- Olja för stekning
- Till sirapen:
- 1 kopp socker
- 1/2 kopp vatten
- 1/2 tsk kardemummapulver
- Några saffranstrådar (valfritt)

INSTRUKTIONER:

a) Kombinera allsidigt mjöl, mannagryn och bakpulver i en blandningsskål.
b) I en separat liten skål, lös upp saffranstrådarna i varmt vatten.
c) Tillsätt yoghurten och saffransvattnet till de torra ingredienserna och blanda väl till en slät smet. Konsistensen ska vara tjock men hällbar.
d) Täck skålen med en ren trasa och låt smeten vila i minst 30 minuter.
e) Förbered under tiden sirapen genom att blanda sockret och vattnet i en kastrull. Koka upp och låt sjuda i ca 5 minuter tills sockret har löst sig och sirapen tjocknat något. Tillsätt kardemummapulver och saffranstrådar, om så önskas. Ta bort från värmen och ställ åt sidan för att svalna.
f) Hetta upp olja i en djup panna eller gryta för stekning.

g) Fyll en spritspåse försedd med en liten rund spets med smeten.
h) Sprid smeten i en spiral- eller kringlaliknande form direkt i den heta oljan. Stek tills de är gyllenbruna på båda sidor.
i) Ta bort den stekta jalebisen från oljan och överför dem direkt i den förberedda sirapen. Låt dem dra i en minut eller två, ta sedan bort och lägg på ett serveringsfat.
j) Servera jalebis varm eller rumstemperatur.

47.Pretzels (danska pretzel-formade bröd)

INGREDIENSER:

- 2 1/4 koppar universalmjöl
- 2 matskedar strösocker
- 1 tsk snabbjäst
- 1/2 tsk salt
- 1/2 dl mjölk, ljummen
- 2 msk osaltat smör, smält
- 1 ägg, uppvispat
- Till toppingen:
- 1 ägg, uppvispat
- Pärlsocker eller grovt socker att strö över

INSTRUKTIONER:

a) I en stor blandningsskål, kombinera mjöl, socker, snabbjäst och salt.
b) Tillsätt den ljumma mjölken, smält smör och uppvispat ägg till de torra ingredienserna. Rör om tills degen går ihop.
c) Lägg över degen till en lätt mjölad yta och knåda i ca 5-7 minuter tills den är slät och elastisk.
d) Lägg tillbaka degen i bunken, täck med en ren trasa och låt den jäsa på en varm plats i ca 1 timme eller tills den har dubbelt så stor storlek.
e) Värm ugnen till 375°F (190°C). Klä en plåt med bakplåtspapper.
f) Dela degen i 6 lika stora bitar. Rulla varje bit till ett långt rep, cirka 20 tum långt.
g) Forma varje rep till en kringlaliknande knut, korsa ändarna över varandra och stoppa in dem under degen.

h) Lägg de formade kringlorna på den förberedda bakplåten. Pensla dem med uppvispat ägg och strö över pärlsocker eller grovt socker.
i) Grädda i den förvärmda ugnen i ca 12-15 minuter eller tills de är gyllenbruna.
j) Ta ut ur ugnen och låt dem svalna något innan servering.

48.Neujahrspretzel (nyårskringlor)

INGREDIENSER:

4 koppar universalmjöl
1 tsk salt
1 matsked socker
2 1/4 tsk snabbjäst
1 1/2 dl ljummen mjölk
1/4 kopp osaltat smör, smält
Grovt salt att strö över

INSTRUKTIONER:

a) Kombinera mjöl, salt, socker och snabbjäst i en mixerskål.
b) Tillsätt den ljumma mjölken och det smälta smöret till de torra ingredienserna. Rör om tills degen går ihop.
c) Lägg över degen till en lätt mjölad yta och knåda i ca 5-7 minuter tills den är slät och elastisk.
d) Lägg tillbaka degen i bunken, täck med en ren trasa och låt den jäsa på en varm plats i ca 1 timme eller tills den har dubbelt så stor storlek.
e) Värm ugnen till 400°F (200°C). Klä en plåt med bakplåtspapper.
f) Dela degen i 8 lika stora bitar. Rulla varje bit till ett långt rep, cirka 20 tum långt.
g) Forma varje rep till en kringla genom att korsa ändarna över varandra och trycka på den nedre kurvan. Upprepa med den återstående degen.
h) Lägg de formade kringlorna på den förberedda bakplåten. Strö över grovt salt.
i) Grädda i den förvärmda ugnen i ca 15-18 minuter eller tills de är gyllenbruna.
j) Ta ut ur ugnen och låt dem svalna något innan servering.

49. Gamla landskärnmjölkskringlor

INGREDIENSER:
- 3 koppar universalmjöl
- 1 matsked socker
- 2 1/4 tsk snabbjäst
- 1 tsk salt
- 1 kopp kärnmjölk
- 1/4 kopp osaltat smör, smält
- Grovt salt att strö över

INSTRUKTIONER:
Kombinera mjöl, socker, snabbjäst och salt i en mixerskål. Tillsätt kärnmjölken och det smälta smöret till de torra ingredienserna. Rör om tills degen går ihop.

Lägg över degen till en lätt mjölad yta och knåda i ca 5-7 minuter tills den är slät och elastisk.

Lägg tillbaka degen i bunken, täck med en ren trasa och låt den jäsa på en varm plats i ca 1 timme eller tills den har dubbelt så stor storlek.

Värm ugnen till 425°F (220°C). Klä en plåt med bakplåtspapper.

Dela degen i 12 lika stora bitar. Rulla varje bit till ett långt rep, cirka 20 tum långt.

Forma varje rep till en kringla genom att korsa ändarna över varandra och trycka på den nedre kurvan. Upprepa med den återstående degen.

Lägg de formade kringlorna på den förberedda bakplåten. Strö över grovt salt.

Grädda i den förvärmda ugnen i ca 12-15 minuter eller tills de är gyllenbruna.

Ta ut ur ugnen och låt dem svalna något innan servering.

50.Oliv & vitlökskringlor

INGREDIENSER:

2 1/4 koppar universalmjöl
1 tsk salt
1 matsked socker
2 1/4 tsk snabbjäst
1 kopp varmt vatten
2 matskedar bakpulver
1/4 kopp osaltat smör, smält
1/4 kopp urkärnade och hackade oliver
2 vitlöksklyftor, hackade
Grovt salt att strö över

INSTRUKTIONER:

Kombinera mjöl, salt, socker och snabbjäst i en mixerskål. Tillsätt det varma vattnet och det smälta smöret till de torra ingredienserna. Rör om tills degen går ihop.
Lägg över degen till en lätt mjölad yta och knåda i ca 5-7 minuter tills den är slät och elastisk.
Lägg tillbaka degen i bunken, täck med en ren trasa och låt den jäsa på en varm plats i ca 1 timme eller tills den har dubbelt så stor storlek.
Värm ugnen till 425°F (220°C). Klä en plåt med bakplåtspapper.
Dela degen i 12 lika stora bitar. Rulla varje bit till ett långt rep, cirka 20 tum långt.
Blanda de hackade oliverna och hackad vitlök i en liten skål.
Platta ut varje degrep något och bred ut en sked av oliv- och vitlöksblandningen längs med degen.

Rulla tillbaka degen till ett rep och forma till en kringla genom att korsa ändarna över varandra och trycka till den nedre kurvan. Upprepa med den återstående degen.
Lägg de formade kringlorna på den förberedda bakplåten. Strö över grovt salt.
Grädda i den förvärmda ugnen i ca 12-15 minuter eller tills de är gyllenbruna.
Ta ut ur ugnen och låt dem svalna något innan servering.

51.Yoghurt täckta pretzels

INGREDIENSER:
- Pretzel stavar eller kringla twists
- Grekisk yoghurt (vanlig eller smaksatt)
- Strössel eller färgat socker (valfritt)

INSTRUKTIONER:
a) Klä en plåt med bakplåtspapper.
b) Doppa kringlorna i den grekiska yoghurten, täck dem halvvägs.
c) Lägg de yoghurttäckta kringlorna på den förberedda bakplåten.
d) Om så önskas, strö strössel eller färgat socker över yoghurtbeläggningen.
e) Ställ bakplåten i kylen i cirka 30 minuter eller tills yoghurten stelnar.
f) När de har stelnat, packa de yoghurttäckta kringlorna i matlådan.

CHURROS

52. Grundläggande Churros

INGREDIENSER:

- ¼ kopp smör eller margarin,
- Skär till små bitar
- ⅛ tesked salt
- 1¼ kopp universalmjöl, siktat
- 3 ägg
- ¼ tesked vaniljextrakt
- Salladsolja för fritering
- ½ tesked kanel
- ½ kopp socker

INSTRUKTIONER:

a) I en medelstor kastrull, kombinera smör med ½ kopp vatten. Rör om på låg värme tills smöret smält. Låt bara koka upp; tillsätt salt och ta bort från värmen.

b) Tillsätt mjöl på en gång; vispa mycket hårt med en träslev. på låg värme, vispa tills mycket slät - ca 2 minuter. Avlägsna från värme; något kallt något. Vispa i äggen, ett i taget, vispa ordentligt efter varje tillsats. Tillsätt vanilj.

c) Fortsätt vispa tills blandningen har en satinliknande glans.

d) Under tiden, i en stekpanna eller fritös, värm långsamt salladsolja (minst 1-½ tum) till 380*F på en friteringstermometer. Tryck munkblandningen genom en stor konditoripåse med en stor, räfflad spets, ½ tum bred. Med våt sax skär du smeten i 2 tums längder när den faller ner i het olja.

e) Fritera några åt gången, 2 minuter på varje sida, eller tills de är gyllenbruna. Lyft ut med hålslev; rinna av väl på hushållspapper.

f) Blanda under tiden kanel och socker i en medelstor skål. Kasta avrunna munkar i sockerblandningen för att täcka ordentligt. Servera varm.

53. Kanel churros

INGREDIENSER:

- ¼ kopp smör
- 1 kopp socker
- 1 matsked socker
- ½ kopp vitt majsmjöl
- ½ kopp mjöl
- 3 st stora ägg
- 2 teskedar kanel

INSTRUKTIONER:

a) Värm smör med 1 msk socker, ½ tsk salt och 1 dl vatten till kokning i en medelstor kastrull. ta bort pannan från värmen; tillsätt omedelbart majsmjöl och mjöl på en gång. över låg värme,

b) Koka blandningen under konstant omrörning tills degen bildar en boll, ca 1 minut. vispa i ägg, ett i taget, vispa kraftigt efter varje tillsats tills degen är slät. klä bakplåten med hushållspapper.

c) Blanda resterande socker med kanel i en papperspåse eller stor skål. i en djup, tung stekpanna eller holländsk ugn, värm 3 tum av salladsolja till 375 grader f. sked degen i en konditoripåse utrustad med ett nummer 6 spets. rör 5" deglängder i den heta oljan.

d) Stek tills de fått färg på båda sidor, ca 1½ minut per sida. med hålslev ta bort churros från oljan och lägg på plåt. medan det fortfarande är varmt, lägg i påse och täck med kanel-sockerblandning. servera omedelbart.

54.Churros och choklad

INGREDIENSER:
- 2 koppar mjöl
- 2 matskedar socker
- 1 tsk kanel
- 3 koppar vatten
- ¼ kopp extra virgin olivolja plus
- 3 koppar
- ½ kopp superfint socker

INSTRUKTIONER:
a) Rör ihop mjöl, socker och kanel i en stor bunke. Häll vatten i en 6 liters kastrull, tillsätt ¼ kopp olja och låt koka upp snabbt. Häll mjölblandningen i en kastrull i en kastrull, ta bort från värmen och rör om tills den är slät. Täck med plastfolie och låt svalna i ½ timme.
b) Värm olja till 375 grader F.
c) Lägg degen i en konditoripåse med ett stort 6 till 8-punktsmunstycke och rör ner i 6 tum långa bitar i het olja. Stek tills de är gyllenbruna på båda sidor.
d) Ta bort, låt rinna av på hushållspapper och pudra med superfint socker medan det fortfarande är varmt.

55.Groblad   Churro sid

INGREDIENSER:
- 3 Kokbananer -- skalade
- Citron juice
- 4 ägg
- $\frac{1}{4}$ kopp mjöl
- $\frac{1}{2}$ tsk salt

INSTRUKTIONER:
a) Skala och dela bananerna på längden. Skär varje bit på mitten och doppa i citronsaft.
b) För att göra smet, vispa äggulorna tjocka och ljusa.
c) Tillsätt mjöl och salt.
d) Vispa äggvitorna tills de blir styva, inte torra och vänd ner i äggulor.
e) Släpp ner de avrunna bananbitarna i smeten, en i taget.
f) Ta upp med hålslev och skjut försiktigt ner i het olja i tjock stekpanna (olja ca 1 tum djup).
g) Koka på medelvärme, vänd nästan omedelbart. Koka tills de fått färg på båda sidor.
h) Låt rinna av på hushållspapper.

56. Red Velvet Spanish Churros

INGREDIENSER:
- 1 kopp vatten
- 1/4 kopp osaltat smör
- 1 msk strösocker
- 1/4 tsk salt
- 1 kopp universalmjöl
- 1 stort ägg
- Vegetabilisk olja, för stekning
- För beläggning
- 1/2 kopp strösocker
- 3/4 tsk mald kanel

INSTRUKTIONER:
a) Tillsätt mjöl, salt, mjöl i skålen och vispa ihop
b) Tillsätt smör i pannan och smält, tillsätt vatten och låt det koka upp
c) Tillsätt röd matfärg. Tillsätt mjölblandningen
d) Tillsätt mjöl, sänk värmen till medel låg och koka och rör hela tiden med en träslev tills blandningen börjar gå ihop
e) Tillsätt hälften av det uppvispade ägget och mjölken tills det är väl blandat
f) Tillsätt de återstående vispade äggen och blanda tills det är slätt och väl blandat
g) Helst använder du en spritspåse med ett startmunstycke för att skapa autentiska spanska churros. Jag hade ingen spritspåse så jag improviserade med ett plastsnitt i slutet. Använd ett glas och lägg spritspåsen i, lägg i degen i påsen tills den är fylld
h) Häll ner degen i uppvärmd olja. Använd en matlagningssax för att klippa av önskad längd

i) Tillsätt flera churrosdegar i oljan och koka tills de är gyllenbruna och krispiga. Tillsätt socker i pannan, tillsätt kanel och blanda noggrant

j) Doppa churros i sockerkanelblandningen och rulla tills de är jämnt belagda

k) Knäckigt på utsidan men ändå så fluffigt mjukt på insidan

57. San Diablo Artisan Churros

INGREDIENSER:

- 1 kopp vatten
- 2 oz. osaltat smör
- 1 kopp högkvalitativt bakermjöl
- 3/4 tsk. salt
- 1 stort ägg
- 1 tsk vanilj

INSTRUKTIONER:

a) Tillsätt vatten och smör i en kastrull och låt koka upp, se till att smöret är helt smält.
b) Tillsätt mjöl och salt i kastrullen med vatten/smör, låt stå på värme och blanda kraftigt tills det inte finns några mjölklumpar kvar och degen liknar en boll. Ta av värmen.
c) Lägg varm deg i din vanliga mixerskål, blanda med paddeltillbehör på låg och låt ånga komma ut och degen.
d) Medan degen släpper ånga, blanda ihop ägg och vanilj i en separat skål.
e) Tillsätt äggblandningen i degen och snabba upp mixern.
f) Om degen fastnar för mycket på sidorna av mixern: stoppa mixern, skrapa ner sidorna och paddla, upprepa tills degen är slät och lekdegliknande konsistens.
g) Ställ degen i kylen för att svalna i ca 10 minuter.
h) När degen har svalnat är du redo att göra några läckra churros! Lägg degen i din San Diablo Churro Maker eller spritspåse och förvara i kylen till senare.
i) Förvärm olja i fritös eller panna till 375°F/190°C med cirka 2" olja.
j) Vrid långsamt ned vredet på din San Diablo Churro-maskin för att trycka ut churrodegen genom munstycket. Eller rör churrodegen genom din spritspåse. Efter att ha

pressat önskad mängd churrodeg genom munstycket skär du av den med en smörkniv eller fingret.

k) Lägg varje rå churro försiktigt i den heta oljan. Var försiktig! För att undvika stänk av het olja rekommenderar vi definitivt att vinkla Churro Maker vertikalt över och nära (men inte för nära) den heta oljans yta.

l) Se churros steka i den heta oljan och rotera med metalltång efter behov för att få hela churron till din idealiska gyllenbruna krispighet (vanligtvis 3-4 minuter).

m) Använd en metalltång, ta bort dina varma, färska churrokonstverk från den heta oljan eller fritösen och svalna på tallriken du har förberett.

n) Efter att dina churros har svalnat lite men fortfarande är varma, pudra dem med önskad mängd av San Diablos signaturkanelsocker.

o) Fyll till ditt hjärta med hjälp av en squeeze-flaska eller en av San Diablos återanvändbara fyllningsflaskor med Dulce de Leche, Nutella eller Sweet Cream.

58. Bakade Churros

INGREDIENSER:
- 1 kopp (225 g) vatten
- 1/2 kopp (113 g) smör
- 1/2 tsk vaniljextrakt
- 2 matskedar socker
- 1/4 tsk salt
- 143 g vanligt mjöl/allroundmjöl
- 3 ägg (i rumstemperatur)

INSTRUKTIONER:
a) Värm ugnen till 400°F (200°C). Linje pergamentpapper; avsätta.

b) Tillsätt vatten, socker, salt och smör i en medelstor kastrull.

c) Placera över medelhög värme.

d) Värm tills smöret smält och blandningen börjar sjuda.

e) Så fort det sjuder, vispa i mjölet.

f) Vispa tills det inte finns några mjölklumpar och en degboll har bildats.

g) Nu, med en träslev, vill du röra degen runt din gryta och koka den i ungefär en minut på LÅG värme.

h) Blandningen kommer att klumpa sig och dra bort från sidorna

i) Använd din träslev och tillsätt lite av äggblandningen i degen. Rör om och mosa, bryt upp degen tills den lossnar. Rör om väl tills äggen har blandat sig och blandningen ser ut som potatismos.

j) Fortsätt tillsätta dina ägg tills de blandas

k) Gör detta genom att trycka på påsen och röra långsamt, använd sax för att klippa.

l) Lämna ca 2 tum utrymme mellan churros.

m) Grädda i cirka 18-22 minuter eller tills de är gyllenbruna.
n) Stäng sedan av ugnen och låt dem stå där i 10 minuter för att torka lite. Detta steg hjälper dem att hålla formen och inte bli platt när de svalnar.
o) Gör det bara en minut :), ta sedan av värmen och ställ åt sidan.
p) I en kanna, kombinera ägg och vanilj och vispa ihop.
q) Överför din deg till en spritspåse med stjärnmunstycke.
r) Sprid ut degen till långa churros på de bakplåtspappersklädda formarna. Se till att röra dem fint och tjockt.
s) Kombinera socker, kanel och salt i en ziplock-påse.
t) Ta churros direkt från ugnen och släng dem i blandningen tills de är väl täckta. Det är bäst att göra detta när churros är varma och färska från ugnen.
u) Njut av dina hemmagjorda churros.

59.Choklad Churros

INGREDIENSER:

1 kopp vatten
2 matskedar socker
1/2 tsk salt
2 matskedar vegetabilisk olja
1 kopp universalmjöl
Vegetabilisk olja för stekning
1/4 kopp strösocker (för att pudra)
1/2 kopp chokladchips
1/4 kopp tung grädde

INSTRUKTIONER:

I en kastrull, kombinera vatten, socker, salt och vegetabilisk olja. Låt blandningen koka upp.
Ta kastrullen från värmen och tillsätt mjölet. Rör om tills blandningen bildar en degboll.
Värm vegetabilisk olja i en djup stekpanna eller kastrull på medelvärme.
Lägg över degen i en spritspåse med stjärnspets.
Sprid in degen i den heta oljan, skär den i 4-6 tums längder med en kniv eller sax.
Stek tills de är gyllenbruna på alla sidor, vänd då och då.
Ta bort churros från oljan och låt rinna av på hushållspapper.
Pudra churros med strösocker.
I en mikrovågssäker skål, kombinera chokladchips och tung grädde. Mikrovågsugn i 30-sekundersintervaller, rör om tills den är slät.
Servera churros med chokladsåsen till doppning.

60. Karamellfyllda Churros

INGREDIENSER:
1 kopp vatten
2 matskedar socker
1/2 tsk salt
2 matskedar vegetabilisk olja
1 kopp universalmjöl
Vegetabilisk olja för stekning
1/4 kopp socker (för beläggning)
1 tsk mald kanel (för överdrag)
Förberedd kolasås

INSTRUKTIONER:

I en kastrull, kombinera vatten, socker, salt och vegetabilisk olja. Låt blandningen koka upp.
Ta kastrullen från värmen och tillsätt mjölet. Rör om tills blandningen bildar en degboll.
Värm vegetabilisk olja i en djup stekpanna eller kastrull på medelvärme.
Lägg över degen i en spritspåse med stjärnspets.
Sprid in degen i den heta oljan, skär den i 4-6 tums längder med en kniv eller sax.
Stek tills de är gyllenbruna på alla sidor, vänd då och då.
Ta bort churros från oljan och låt rinna av på hushållspapper.
I en separat skål, kombinera socker och kanel. Rulla churros i kanelsockerblandningen tills de är täckta.
Använd en spruta eller konditoripåse och fyll churros med beredd kolasås.
Servera de kolafyllda churrosna varma.

61. Pumpa Spice Churros

INGREDIENSER:
1 kopp vatten
2 matskedar socker
1/2 tsk salt
2 matskedar vegetabilisk olja
1 kopp universalmjöl
1 tsk pumpa kryddblandning
Vegetabilisk olja för stekning
1/4 kopp socker (för beläggning)
1 tsk mald kanel (för överdrag)

INSTRUKTIONER:

I en kastrull, kombinera vatten, socker, salt och vegetabilisk olja. Låt blandningen koka upp.
Ta kastrullen från värmen och tillsätt mjöl- och pumpakryddmixen. Rör om tills blandningen bildar en degboll.
Värm vegetabilisk olja i en djup stekpanna eller kastrull på medelvärme.
Lägg över degen i en spritspåse med stjärnspets.
Sprid in degen i den heta oljan, skär den i 4-6 tums längder med en kniv eller sax.
Stek tills de är gyllenbruna på alla sidor, vänd då och då.
Ta bort churros från oljan och låt rinna av på hushållspapper.
I en separat skål, kombinera socker och kanel. Rulla churros i kanelsockerblandningen tills de är täckta.
Servera pumpakryddan churros varm med strösocker.

62.Glutenfria Churros

INGREDIENSER:
1 kopp vatten
2 matskedar socker
1/2 tsk salt
2 matskedar vegetabilisk olja
1 dl glutenfritt universalmjöl
Vegetabilisk olja för stekning
1/4 kopp socker (för beläggning)
1 tsk mald kanel (för överdrag)
INSTRUKTIONER:

I en kastrull, kombinera vatten, socker, salt och vegetabilisk olja. Låt blandningen koka upp.
Ta kastrullen från värmen och tillsätt det glutenfria universalmjölet. Rör om tills blandningen bildar en degboll.
Värm vegetabilisk olja i en djup stekpanna eller kastrull på medelvärme.
Lägg över degen i en spritspåse med stjärnspets.
Sprid in degen i den heta oljan, skär den i 4-6 tums längder med en kniv eller sax.
Stek tills de är gyllenbruna på alla sidor, vänd då och då.
Ta bort churros från oljan och låt rinna av på hushållspapper.
I en separat skål, kombinera socker och kanel. Rulla churros i kanelsockerblandningen tills de är täckta.
Servera de glutenfria churrosna varma med valfri dippsås.

63. Nutellafyllda Churros

INGREDIENSER:

1 kopp vatten
2 matskedar socker
1/2 tsk salt
2 matskedar vegetabilisk olja
1 kopp universalmjöl
Vegetabilisk olja för stekning
1/4 kopp socker (för beläggning)
1 tsk mald kanel (för överdrag)
Nutella (eller något annat choklad-hasselnötspålägg)

INSTRUKTIONER:

I en kastrull, kombinera vatten, socker, salt och vegetabilisk olja. Låt blandningen koka upp.
Ta kastrullen från värmen och tillsätt mjölet. Rör om tills blandningen bildar en degboll.
Värm vegetabilisk olja i en djup stekpanna eller kastrull på medelvärme.
Lägg över degen i en spritspåse med stjärnspets.
Sprid in degen i den heta oljan, skär den i 4-6 tums längder med en kniv eller sax.
Stek tills de är gyllenbruna på alla sidor, vänd då och då.
Ta bort churros från oljan och låt rinna av på hushållspapper.
I en separat skål, kombinera socker och kanel. Rulla churros i kanelsockerblandningen tills de är täckta.
Använd en spruta eller konditoripåse och fyll churros med Nutella eller choklad-hasselnötspålägg.
Servera de Nutellafyllda churrosna varma.

64. Churro glass smörgåsar

INGREDIENSER:

1 kopp vatten
2 matskedar socker
1/2 tsk salt
2 matskedar vegetabilisk olja
1 kopp universalmjöl
Vegetabilisk olja för stekning
1/4 kopp socker (för beläggning)
1 tsk mald kanel (för överdrag)
Valfri glass

INSTRUKTIONER:

I en kastrull, kombinera vatten, socker, salt och vegetabilisk olja. Låt blandningen koka upp.
Ta kastrullen från värmen och tillsätt mjölet. Rör om tills blandningen bildar en degboll.
Värm vegetabilisk olja i en djup stekpanna eller kastrull på medelvärme.
Lägg över degen i en spritspåse med stjärnspets.
Sprid in degen i den heta oljan, skär den i 4-6 tums längder med en kniv eller sax.
Stek tills de är gyllenbruna på alla sidor, vänd då och då.
Ta bort churros från oljan och låt rinna av på hushållspapper.
I en separat skål, kombinera socker och kanel. Rulla churros i kanelsockerblandningen tills de är täckta.
Låt churros svalna något.
Skiva churros horisontellt och lägg in en kula glass mellan de två halvorna.
Servera churroglassmackorna direkt.

65. Dulce de Leche Churros

INGREDIENSER:

1 kopp vatten
2 matskedar socker
1/2 tsk salt
2 matskedar vegetabilisk olja
1 kopp universalmjöl
Vegetabilisk olja för stekning
1/4 kopp socker (för beläggning)
1 tsk mald kanel (för överdrag)
Förberedd dulce de leche

INSTRUKTIONER:

I en kastrull, kombinera vatten, socker, salt och vegetabilisk olja. Låt blandningen koka upp.
Ta kastrullen från värmen och tillsätt mjölet. Rör om tills blandningen bildar en degboll.
Värm vegetabilisk olja i en djup stekpanna eller kastrull på medelvärme.
Lägg över degen i en spritspåse med stjärnspets.
Sprid in degen i den heta oljan, skär den i 4-6 tums längder med en kniv eller sax.
Stek tills de är gyllenbruna på alla sidor, vänd då och då.
Ta bort churros från oljan och låt rinna av på hushållspapper.
I en separat skål, kombinera socker och kanel. Rulla churros i kanelsockerblandningen tills de är täckta.
Servera churros med förberedd dulce de leche för doppning.

66. Matcha Churros

INGREDIENSER:

1 kopp vatten
2 matskedar socker
1/2 tsk salt
2 matskedar vegetabilisk olja
1 kopp universalmjöl
1 msk matchapulver
Vegetabilisk olja för stekning
1/4 kopp socker (för beläggning)

INSTRUKTIONER:

I en kastrull, kombinera vatten, socker, salt och vegetabilisk olja. Låt blandningen koka upp.
Ta kastrullen från värmen och tillsätt mjöl och matchapulver. Rör om tills blandningen bildar en degboll.
Värm vegetabilisk olja i en djup stekpanna eller kastrull på medelvärme.
Lägg över degen i en spritspåse med stjärnspets.
Sprid in degen i den heta oljan, skär den i 4-6 tums längder med en kniv eller sax.
Stek tills de är gyllenbruna på alla sidor, vänd då och då.
Ta bort churros från oljan och låt rinna av på hushållspapper.
I en separat skål, kombinera socker och matchapulver.
Rulla churros i matchasockerblandningen tills de är täckta.
Servera matcha churros varm.

67.Röd sammet Churros

INGREDIENSER:

1 kopp vatten
2 matskedar socker
1/2 tsk salt
2 matskedar vegetabilisk olja
1 kopp universalmjöl
1 msk kakaopulver
Röd matfärg
Vegetabilisk olja för stekning
1/4 kopp strösocker (för att pudra)
Gräddostfrosting (för doppning)

INSTRUKTIONER:

I en kastrull, kombinera vatten, socker, salt och vegetabilisk olja. Låt blandningen koka upp.
Ta kastrullen från värmen och tillsätt mjöl, kakaopulver och röd matfärg. Rör om tills blandningen bildar en degboll och uppnår önskad röd färg.
Värm vegetabilisk olja i en djup stekpanna eller kastrull på medelvärme.
Lägg över degen i en spritspåse med stjärnspets.
Sprid in degen i den heta oljan, skär den i 4-6 tums längder med en kniv eller sax.
Stek tills de är gyllenbruna på alla sidor, vänd då och då.
Ta bort churros från oljan och låt rinna av på hushållspapper.
Pudra churros med strösocker.
Servera de röda sammetschurrosna varma med cream cheese frosting för doppning.

68.Churro Bites

INGREDIENSER:

1 kopp vatten
2 matskedar socker
1/2 tsk salt
2 matskedar vegetabilisk olja
1 kopp universalmjöl
Vegetabilisk olja för stekning
1/4 kopp socker (för beläggning)
1 tsk mald kanel (för överdrag)

INSTRUKTIONER:

I en kastrull, kombinera vatten, socker, salt och vegetabilisk olja. Låt blandningen koka upp.
Ta kastrullen från värmen och tillsätt mjölet. Rör om tills blandningen bildar en degboll.
Värm vegetabilisk olja i en djup stekpanna eller kastrull på medelvärme.
Lägg över degen i en spritspåse med stjärnspets.
Häll ner små lagom stora degbitar i den heta oljan.
Stek tills de är gyllenbruna på alla sidor, vänd då och då.
Ta bort churrobites från oljan och låt rinna av på hushållspapper.
I en separat skål, kombinera socker och kanel. Kasta churro bites i kanelsockerblandningen tills de är täckta.
Servera churrobitarna varma.

69. Citron Churros

INGREDIENSER:

1 kopp vatten
2 matskedar socker
1/2 tsk salt
2 matskedar vegetabilisk olja
1 kopp universalmjöl
Skal av 1 citron
Vegetabilisk olja för stekning
1/4 kopp socker (för beläggning)
1 tsk mald kanel (för överdrag)
Citronglasyr (gjord med strösocker och citronsaft)

INSTRUKTIONER:

I en kastrull, kombinera vatten, socker, salt och vegetabilisk olja. Låt blandningen koka upp.
Ta kastrullen från värmen och tillsätt mjöl och citronskal. Rör om tills blandningen bildar en degboll.
Värm vegetabilisk olja i en djup stekpanna eller kastrull på medelvärme.
Lägg över degen i en spritspåse med stjärnspets.
Sprid in degen i den heta oljan, skär den i 4-6 tums längder med en kniv eller sax.
Stek tills de är gyllenbruna på alla sidor, vänd då och då.
Ta bort churros från oljan och låt rinna av på hushållspapper.
I en separat skål, kombinera socker och kanel. Rulla churros i kanelsockerblandningen tills de är täckta.
Ringla citronglasyren över churros.
Servera citronchurros varma.

70. Kokos Churros

INGREDIENSER:

1 kopp vatten
2 matskedar socker
1/2 tsk salt
2 matskedar vegetabilisk olja
1 kopp universalmjöl
1/2 dl riven kokos
Vegetabilisk olja för stekning
1/4 kopp socker (för beläggning)
1 tsk mald kanel (för överdrag)

INSTRUKTIONER:

I en kastrull, kombinera vatten, socker, salt och vegetabilisk olja. Låt blandningen koka upp.
Ta kastrullen från värmen och tillsätt mjöl och riven kokos. Rör om tills blandningen bildar en degboll.
Värm vegetabilisk olja i en djup stekpanna eller kastrull på medelvärme.
Lägg över degen i en spritspåse med stjärnspets.
Sprid in degen i den heta oljan, skär den i 4-6 tums längder med en kniv eller sax.
Stek tills de är gyllenbruna på alla sidor, vänd då och då.
Ta bort churros från oljan och låt rinna av på hushållspapper.
I en separat skål, kombinera socker och kanel. Rulla churros i kanelsockerblandningen tills de är täckta.
Servera kokoschurros varma.

71.Churro våfflor

INGREDIENSER:

1 kopp vatten
2 matskedar socker
1/2 tsk salt
2 matskedar vegetabilisk olja
1 kopp universalmjöl
Vegetabilisk olja för stekning
1/4 kopp socker (för beläggning)
1 tsk mald kanel (för överdrag)
Våffelsmet (beredd enligt anvisningar på förpackningen)

INSTRUKTIONER:

I en kastrull, kombinera vatten, socker, salt och vegetabilisk olja. Låt blandningen koka upp.
Ta kastrullen från värmen och tillsätt mjölet. Rör om tills blandningen bildar en degboll.
Värm vegetabilisk olja i en djup stekpanna eller kastrull på medelvärme.
Lägg över degen i en spritspåse med stjärnspets.
Sprid in degen i den heta oljan, skär den i 4-6 tums längder med en kniv eller sax.
Stek tills de är gyllenbruna på alla sidor, vänd då och då.
Ta bort churros från oljan och låt rinna av på hushållspapper.
I en separat skål, kombinera socker och kanel. Rulla churros i kanelsockerblandningen tills de är täckta.
Värm ett våffeljärn och förbered våffelsmeten enligt förpackningens anvisningar.
Lägg en churro i mitten av varje våffelsektion på järnet och häll smeten över churros.
Stäng våffeljärnet och koka tills våfflorna är gyllenbruna.

Servera churrovåfflorna varma.

72. Strawberry Cheesecake Churros

INGREDIENSER:

1 kopp vatten
2 matskedar socker
1/2 tsk salt
2 matskedar vegetabilisk olja
1 kopp universalmjöl
Vegetabilisk olja för stekning
1/4 kopp socker (för beläggning)
1 tsk mald kanel (för överdrag)
Jordgubbscheesecakefyllning (beredd eller köpt i butik)

INSTRUKTIONER:

I en kastrull, kombinera vatten, socker, salt och vegetabilisk olja. Låt blandningen koka upp.
Ta kastrullen från värmen och tillsätt mjölet. Rör om tills blandningen bildar en degboll.
Värm vegetabilisk olja i en djup stekpanna eller kastrull på medelvärme.
Lägg över degen i en spritspåse med stjärnspets.
Sprid in degen i den heta oljan, skär den i 4-6 tums längder med en kniv eller sax.
Stek tills de är gyllenbruna på alla sidor, vänd då och då.
Ta bort churros från oljan och låt rinna av på hushållspapper.
I en separat skål, kombinera socker och kanel. Rulla churros i kanelsockerblandningen tills de är täckta.
Använd en spruta eller konditoripåse och fyll churros med jordgubbscheesecakefyllning.
Servera strawberry cheesecake churros varma.

BAGVÄNDNINGAR

73. Kanel Sugar Twists

INGREDIENSER:
1 paket smördegsark
2 msk smör, smält
1/4 kopp strösocker
1 tsk mald kanel

INSTRUKTIONER:

Värm ugnen till 400°F (200°C) och klä en plåt med bakplåtspapper.

Tina smördegen enligt anvisningar på förpackningen.

Kavla ut smördegsarket och skär det i tunna strimlor.

Vrid varje remsa och lägg dem på den förberedda bakplåten.

Blanda strösockret och malen kanel i en liten skål.

Pensla det smälta smöret över den tvinnade degen.

Strö kanelsockerblandningen jämnt över tvistarna.

Grädda i 12-15 minuter eller tills de är svullna och gyllenbruna. Servera varm.

74. Caramel Twists

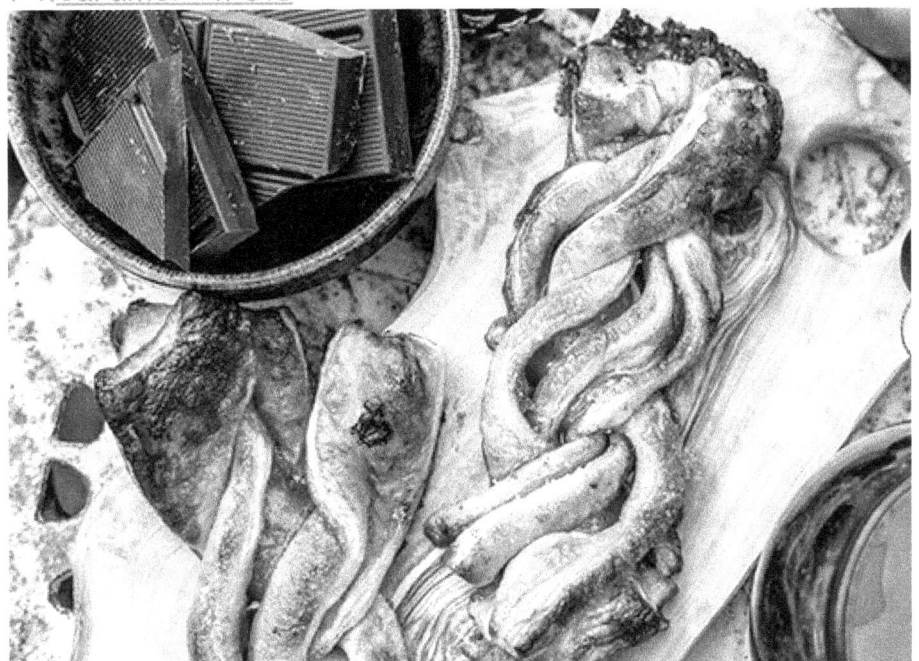

INGREDIENSER:

1 paket (17,3 ounces) fryst smördeg, tinat
1 kopp strösocker
1/2 kopp osaltat smör
1/4 kopp tung grädde
1 tsk vaniljextrakt
1/4 tsk salt

INSTRUKTIONER:

Värm ugnen till 400°F (200°C) och klä en plåt med bakplåtspapper.

Kavla ut smördegen på lätt mjölat underlag till en rektangel.

I en kastrull, kombinera strösocker, smör, tjock grädde, vaniljextrakt och salt. Värm på medelhög värme tills sockret har löst sig och blandningen börjar bubbla.

Häll kolasåsen över den utkavlade smördegen och fördela den jämnt.

Skär degen i tunna strimlor, ca 1/2 tum breda.

Vrid varje remsa försiktigt och lägg den på den förberedda bakplåten.
Grädda i 12-15 minuter eller tills de är gyllenbruna och puffade.
Låt snoddarna svalna innan servering.

75.Österrikiska vändningar

INGREDIENSER:
2 ark smördeg, tinade
1/2 kopp osaltat smör, smält
1/2 kopp strösocker
1 msk mald kanel
Pulversocker för att pudra
INSTRUKTIONER:

Värm ugnen till 375°F (190°C) och klä en plåt med bakplåtspapper.

Kavla ut smördegsarken på en lätt mjölad yta.
Pensla det smälta smöret jämnt över varje ark.
I en liten skål, kombinera strösocker och malen kanel.
Strö kanel-sockerblandningen över de smörade bakelsearken.

Vik varje plåt på mitten på längden.

Skär varje ark i 1-tums remsor.

Vrid varje remsa försiktigt och lägg den på den förberedda bakplåten.

Grädda i 15-20 minuter eller tills de är gyllenbruna.

Låt snoddarna svalna något innan du pudrar dem med strösocker.

76. Pizza Twists

INGREDIENSER:

- 1 plåt smördeg, tinad
- 1/2 kopp pizzasås
- 1 dl riven mozzarellaost
- 1/4 kopp skivad pepparoni
- 1 tsk torkad oregano
- 1/4 tsk vitlökspulver
- 1/4 tsk röd paprikaflingor (valfritt)

INSTRUKTIONER:

a) Värm ugnen till 400°F (200°C) och klä en plåt med bakplåtspapper.
b) Kavla ut smördegsarket på lätt mjölat underlag till en rektangel.
c) Fördela pizzasåsen jämnt över plåten, lämna en liten kant runt kanterna.
d) Strö den strimlade mozzarellaosten, skivad pepperoni, torkad oregano, vitlökspulver och rödpepparflingor (om du använder) över såsen.
e) Vik plåten på mitten på längden och tryck ihop kanterna för att täta.
f) Skär den vikta bakelsen i 1-tums remsor.
g) Vrid varje remsa försiktigt och lägg den på den förberedda bakplåten.
h) Grädda i 15-20 minuter eller tills degen är gyllenbrun och osten smält och bubblig.
i) Låt snoddarna svalna något innan servering.

77. Svenska Anis Twists

INGREDIENSER:

- 2 1/2 koppar universalmjöl
- 1/2 kopp osaltat smör, mjukat
- 1/2 kopp strösocker
- 2 tsk anisextrakt
- 1/2 tsk bakpulver
- 1/4 tsk salt
- 1 ägg
- Pärlsocker att strö (valfritt)

INSTRUKTIONER:

a) Värm ugnen till 375°F (190°C) och klä en plåt med bakplåtspapper.
b) I en stor mixerskål, grädda ihop det mjukade smöret, strösockret och anisextraktet tills det är ljust och fluffigt.
c) I en separat skål, vispa ihop mjöl, bakpulver och salt.
d) Tillsätt gradvis de torra ingredienserna till smörblandningen, blanda väl efter varje tillsats.
e) Vispa i ägget tills degen går ihop.
f) Dela degen i små bitar och rulla varje bit till ett långt rep, cirka 8 tum långt.
g) Vrid varje rep till en "S"-form och placera den på den förberedda bakplåten.
h) Strö pärlsocker över tvistarna (om så önskas).
i) Grädda i 10-12 minuter eller tills kanterna är lätt gyllene.
j) Låt snoddarna svalna helt innan servering.

78.Nutella konditorivaror

INGREDIENSER:

- 17,3-ounce paket fryst smördeg, tinat men kallt
- mjöl, för att pudra arbetsytan
- 1 kopp Nutella
- 1 stort ägg
- grovt slipsocker, valfritt

INSTRUKTIONER:

a) Värm ugnen till 350 grader.

b) Klä en plåt med bakplåtspapper och smörj den lätt med matlagningsspray.

c) Vik ut ett ark av smördegen på en lätt mjölad arbetsyta. Använd en kavel och rulla degen lätt för att täta ihop eventuella veck.

d) Bred ut Nutella på den tillplattade smördegsdegen.

e) Platta till det andra arket smördegsdeg och lägg ovanpå det första arket.

f) Skär degen i en tum breda remsor och vrid varje remsa till en twist och lägg på plåten.

g) Vispa ägget i en liten skål och pensla det sedan på vridningarna.

h) Strö tvistarna med slipsocker om så önskas.

i) Grädda i 15 till 18 minuter tills de är gyllenbruna.

j) Ta ut snoddarna från ugnen och låt dem svalna i minst 5 minuter på plåten.

79. Air Fryer Sweet Twists

INGREDIENSER:
- 1 låda butiksköpt smördeg
- ½ tsk kanel
- ½ tsk socker
- ½ tsk svarta sesamfrön
- Salta, nypa
- 2 msk parmesanost, riven

INSTRUKTIONER:

a) Lägg degen på en arbetsyta.

b) Ta en liten skål och blanda ost, socker, salt, sesamfrön och kanel.

c) Tryck ut denna blandning på båda sidor av degen.

d) Skär nu degen i 1" x 3" remsor.

e) Vrid var och en av remsorna 2 gånger och lägg dem sedan på plattan.

f) Överför den till air fryer-korgen.

g) Välj air fry-läge vid 400 grader F i 10 minuter.

h) När den är kokt, servera.

80. Lemony Sweet Twists

INGREDIENSER:

- 1 låda butiksköpt smördeg
- ½ tsk citronskal
- 1 matsked citronsaft
- 2 tsk farinsocker
- Salta, nypa
- 2 msk parmesanost, nyriven

INSTRUKTIONER: sid

a) Lägg smördegsdegen på en ren arbetsyta.

b) I en skål, kombinera parmesanost, farinsocker, salt, citronskal och citronsaft.

c) Tryck ut denna blandning på båda sidor av degen.

d) Skär nu degen i 1" x 4" remsor.

e) Vrid var och en av remsorna.

f) Överför den till air fryer-korgen.

g) Välj air fry-läge vid 400 grader F i 9-10 minuter.

h) När den är kokt, servera och njut.

81. Ost och skinka twists

INGREDIENSER:
- 1 plåt smördeg, tinad
- 1/2 kopp strimlad cheddarost
- 1/2 kopp tärnad skinka
- 1 ägg, uppvispat

INSTRUKTIONER:

a) Värm ugnen till 400°F (200°C).
b) Kavla ut smördegen till ca 1/4 tums tjocklek på en lätt mjölad yta.
c) Strö över den strimlade cheddarosten och tärna honom jämnt över smördegen.
d) Skär smördegen i 12 lika stora strimlor.
e) Vrid varje remsa några gånger och lägg dem på en bakplåtspappersklädd plåt.
f) Pensla varje snodd med uppvispat ägg.
g) Grädda i 15-20 minuter tills de är gyllenbruna.
h) Servera varm.

82.Choklad och hasselnöt Twists

INGREDIENSER:

- 1 plåt smördeg, tinad
- 1/4 kopp Nutella eller choklad hasselnötspålägg
- 1/4 kopp hackade hasselnötter
- 1 ägg, uppvispat

INSTRUKTIONER:

a) Värm ugnen till 400°F (200°C).

b) Kavla ut smördegen till ca 1/4 tums tjocklek på en lätt mjölad yta.

c) Fördela Nutella- eller chokladhasselnötspålägget över smördegen.

d) Strö de hackade hasselnötterna över pålägget.

e) Skär smördegen i ca 1 tum breda remsor.

f) Vrid varje remsa flera gånger och lägg på en plåt klädd med bakplåtspapper.

g) Pensla varje snodd med uppvispat ägg.

h) Grädda i 20-25 minuter tills de är gyllenbruna.

i) Servera varm.

83. Tiramisu Twists

INGREDIENSER:

- 200 gram Mascarpone
- 2 matskedar Kahlua, plus extra för glasyr
- 2 msk strösocker
- 1 ark smördeg
- 30 gram mörk choklad, uppdelad

INSTRUKTIONER:

a) Vispa mascarponen i en liten bunke tills den är mjuk. Tillsätt Kahlua och, när den är helt blandad, vispa i sockret. Lägg ut smördegsarket med en kort kant mot dig. Fördela tiramisufyllningen jämnt över plåten.

b) Använd en pizzaskärare eller vass kniv för att skära degen i 8 långa vertikala remsor. Riv 20 gram mörk choklad över fyllningen. Arbeta med en torsad i taget, ta tag i änden längst ifrån dig och vik ner den på mitten ovanpå sig själv.

c) Överför till en nonstick eller klädd bakplåt, vrid den runt två gånger när du lägger ner den. Tryck försiktigt till den nedre kanten, upprepa sedan med resten och kyl i 1 timme.

d) Värm ugnen till en fläkt på 200C / 180C. Efter att bakverken har svalnat i en timme, pensla dem lätt med Kahlua och riv över en fin pudra av den återstående chokladen.

e) Grädda i 15 minuter tills de är väl jäst och gyllenbruna.

f) Lägg över till ett galler för att svalna eller servera varmt.

84. Vitlök Parmesan Twists

INGREDIENSER:

- 1 paket kyld pizzadeg
- 2 msk smör, smält
- 2 vitlöksklyftor, hackade
- 1/4 kopp riven parmesanost
- 1 tsk torkad italiensk krydda

INSTRUKTIONER:

a) Värm ugnen till 375°F (190°C) och klä en plåt med bakplåtspapper.
b) Kavla ut pizzadegen och skär den i tunna strimlor.
c) Vrid varje remsa och lägg dem på den förberedda bakplåten.
d) Blanda det smälta smöret och hackad vitlök i en liten skål.
e) Pensla vitlökssmörblandningen över den tvinnade degen.
f) Strö parmesanost och italiensk krydda jämnt över tvistarna.
g) Grädda i 12-15 minuter eller tills de är gyllenbruna. Servera varm.

85. Jalapeno Cheddar Twists

INGREDIENSER:
1 paket kyld halvmånerulldeg
1 dl riven cheddarost
2 jalapenopeppar, frön borttagna och finhackade
1/4 kopp smält smör
1/2 tsk vitlökspulver
1/4 tsk paprika

INSTRUKTIONER:

Värm ugnen till 375°F (190°C) och klä en plåt med bakplåtspapper.

Rulla ut halvmånerulldegen och dela i trianglar.

Strö strimlad cheddarost och hackad jalapenos jämnt över varje triangel.

Rulla ihop trianglarna med början från den bredare änden och vrid försiktigt för att säkra fyllningen.

Lägg de tvinnade rullarna på den förberedda bakplåten.

Blanda smält smör, vitlökspulver och paprika i en liten skål.

Pensla smörblandningen över de tvinnade rullarna.

Grädda i 12-15 minuter eller tills rullarna är gyllenbruna och osten smält. Servera varm.

86.Buffalo Chicken Twists

INGREDIENSER:

- 2 dl kokt kyckling, strimlad
- 1/2 kopp buffelsås
- 1/4 kopp smulad ädelost
- 2 msk hackad salladslök
- 1 paket kyld pizzadeg

INSTRUKTIONER:

a) Värm ugnen till 375°F (190°C) och klä en plåt med bakplåtspapper.
b) I en skål, kombinera strimlad kyckling och buffelsås tills den är väl täckt.
c) Kavla ut pizzadegen och skär den i tunna strimlor.
d) Vrid varje remsa och lägg dem på den förberedda bakplåten.
e) Häll en liten mängd av buffelkycklingblandningen på varje twist.
f) Strö smulad ädelost och hackad salladslök över tvistarna.
g) Grädda i 12-15 minuter eller tills snoddarna är gyllenbruna och fyllningen är genomvärmd. Servera varm.

87. Pesto och soltorkade tomater

INGREDIENSER:

- 1 paket smördegsark
- 1/4 kopp pestosås
- 1/4 kopp hackade soltorkade tomater (förpackade i olja)
- 1/4 kopp riven parmesanost
- 1 ägg, vispat (för äggtvätt)

INSTRUKTIONER:

a) Värm ugnen till 400°F (200°C) och klä en plåt med bakplåtspapper.
b) Tina smördegen enligt anvisningar på förpackningen.
c) Kavla ut smördegsarket och skär det i tunna strimlor.
d) Bred ut ett tunt lager pestosås längs varje remsa.
e) Strö över hackade soltorkade tomater och riven parmesanost över varje remsa.
f) Vrid varje remsa försiktigt och lägg dem på den förberedda bakplåten.
g) Pensla tvistarna med uppvispat ägg för en blank finish.
h) Grädda i 12-15 minuter eller tills de är svullna och gyllenbruna. Servera varm.

88.Spenat och Feta Twists

INGREDIENSER:

- 1 paket kyld halvmånerulldeg
- 1 dl fryst spenat, tinad och överflödig fukt pressad ut
- 1/2 dl smulad fetaost
- 2 msk riven parmesanost
- 1/4 tsk vitlökspulver
- Salta och peppra efter smak

INSTRUKTIONER:

a) Värm ugnen till 375°F (190°C) och klä en plåt med bakplåtspapper.
b) Rulla ut halvmånerulldegen och dela i trianglar.
c) Blanda i en skål spenat, fetaost, riven parmesanost, vitlökspulver, salt och peppar.
d) Häll en liten mängd av spenat- och fetablandningen på varje triangel.
e) Rulla ihop trianglarna med början från den bredare änden och vrid försiktigt för att täta fyllningen.
f) Lägg de tvinnade rullarna på den förberedda bakplåten.
g) Grädda i 12-15 minuter eller tills rullarna är gyllenbruna och fyllningen är genomvärmd. Servera varm.

89. BBQ Pulled Pork Twists

INGREDIENSER:

- 2 koppar kokt pulled pork
- 1/2 kopp barbecuesås
- 1/4 kopp strimlad cheddarost
- 1/4 kopp hackad rödlök
- 1 paket kyld pizzadeg

INSTRUKTIONER:

a) Värm ugnen till 375°F (190°C) och klä en plåt med bakplåtspapper.
b) I en skål, blanda ihop pulled pork och barbecuesås tills det är väl blandat.
c) Kavla ut pizzadegen och skär den i tunna strimlor.
d) Vrid varje remsa och lägg dem på den förberedda bakplåten.
e) Häll en liten mängd av pulled pork-blandningen på varje twist.
f) Strö strimlad cheddarost och hackad rödlök över tvistarna.
g) Grädda i 12-15 minuter eller tills snoddarna är gyllenbruna och fyllningen är genomvärmd. Servera varm.

90. S'mores Twists

INGREDIENSER:

- 1 paket smördegsark
- 1/4 kopp Nutella eller chokladpålägg
- 1/4 kopp mini marshmallows
- 2 msk krossade grahams kex
- 1 ägg, vispat (för äggtvätt)

INSTRUKTIONER:

a) Värm ugnen till 400°F (200°C) och klä en plåt med bakplåtspapper.
b) Tina smördegen enligt anvisningar på förpackningen.
c) Kavla ut smördegsarket och skär det i tunna strimlor.
d) Bred ut ett tunt lager Nutella eller chokladpålägg längs varje remsa.
e) Strö mini marshmallows och krossade graham crackers över varje remsa.
f) Vrid varje remsa försiktigt och lägg dem på den förberedda bakplåten.
g) Pensla tvistarna med uppvispat ägg för en blank finish.
h) Grädda i 12-15 minuter eller tills de är svullna och gyllenbruna. Servera varm.

91. Caprese Twists

INGREDIENSER:

- 1 paket smördegsark
- 1/4 kopp basilikapesto
- 1/2 dl körsbärstomater, halverade
- 1/2 kopp färska mozzarellapärlor
- Salta och peppra efter smak
- Balsamicoglasyr för duggregn (valfritt)

INSTRUKTIONER:

a) Värm ugnen till 400°F (200°C) och klä en plåt med bakplåtspapper.
b) Tina smördegen enligt anvisningar på förpackningen.
c) Kavla ut smördegsarket och skär det i tunna strimlor.
d) Bred ut ett tunt lager basilikapesto längs varje remsa.
e) Lägg en körsbärstomathalva och en mozzarellapärla på varje remsa.
f) Krydda med salt och peppar efter smak.
g) Vrid varje remsa försiktigt och lägg dem på den förberedda bakplåten.
h) Grädda i 12-15 minuter eller tills de är svullna och gyllenbruna.
i) Valfritt: Ringla balsamicoglasyr över tvistarna innan servering. Servera varm.

92. Apple Cinnamon Twists

INGREDIENSER:

- 1 paket smördegsark
- 2 äpplen, skalade, urkärnade och tunt skivade
- 2 msk smält smör
- 2 matskedar strösocker
- 1 tsk mald kanel
- 1/4 kopp hackade valnötter (valfritt)
- Pulversocker för att pudra (valfritt)

INSTRUKTIONER:

a) Värm ugnen till 400°F (200°C) och klä en plåt med bakplåtspapper.
b) Tina smördegen enligt anvisningar på förpackningen.
c) Kavla ut smördegsarket och skär det i tunna strimlor.
d) Pensla smält smör över varje remsa.
e) Blanda strösocker och malen kanel i en liten skål.
f) Strö kanelsockerblandningen jämnt över de smörade remsorna.
g) Lägg några äppelskivor på varje remsa och strö över hackade valnötter om så önskas.
h) Vrid varje remsa försiktigt och lägg dem på den förberedda bakplåten.
i) Grädda i 12-15 minuter eller tills de är svullna och gyllenbruna.
j) Valfritt: Pudra tvistarna med strösocker innan servering. Servera varm.

93. Skinka och ost Twists

INGREDIENSER:
1 paket smördegsark
1/2 kopp skivad skinka
1/2 kopp strimlad cheddarost
1 ägg, vispat (för äggtvätt)

INSTRUKTIONER:
a) Värm ugnen till 400°F (200°C) och klä en plåt med bakplåtspapper.
b) Tina smördegen enligt anvisningar på förpackningen.
c) Kavla ut smördegsarket och skär det i tunna strimlor.
d) Lägg några skivor skinka och ett strö strimlad cheddarost på varje remsa.
e) Vrid varje remsa försiktigt och lägg dem på den förberedda bakplåten.
f) Pensla tvistarna med uppvispat ägg för en blank finish.
g) Grädda i 12-15 minuter eller tills de är svullna och gyllenbruna. Servera varm.

94.Pesto Kyckling Alfredo Twists

INGREDIENSER:

- 2 dl kokt kyckling, strimlad
- 1/4 kopp basilikapesto
- 1/4 kopp Alfredosås
- 1/4 kopp strimlad mozzarellaost
- 1 paket kyld pizzadeg

INSTRUKTIONER:

a) Värm ugnen till 375°F (190°C) och klä en plåt med bakplåtspapper.
b) I en skål, blanda ihop strimlad kyckling, basilikapesto och Alfredo-sås tills det är väl blandat.
c) Kavla ut pizzadegen och skär den i tunna strimlor.
d) Vrid varje remsa och lägg dem på den förberedda bakplåten.
e) Häll en liten mängd av kycklingblandningen på varje twist.
f) Strö strimlad mozzarellaost över tvistarna.
g) Grädda i 12-15 minuter eller tills snoddarna är gyllenbruna och fyllningen är genomvärmd. Servera varm.

95. Maple Bacon Twists

INGREDIENSER:

- 1 paket smördegsark
- 1/4 kopp lönnsirap
- 4 skivor kokt bacon, smulad
- 2 msk farinsocker
- 1/4 tsk mald svartpeppar

INSTRUKTIONER:

a) Värm ugnen till 400°F (200°C) och klä en plåt med bakplåtspapper.
b) Tina smördegen enligt anvisningar på förpackningen.
c) Kavla ut smördegsarket och skär det i tunna strimlor.
d) Pensla varje remsa med lönnsirap.
e) Blanda smulat bacon, farinsocker och mald svartpeppar i en liten skål.
f) Strö baconblandningen jämnt över varje remsa.
g) Vrid varje remsa försiktigt och lägg dem på den förberedda bakplåten.
h) Grädda i 12-15 minuter eller tills de är svullna och gyllenbruna. Servera varm.

96. Medelhavet Twists

INGREDIENSER:

- 1 paket smördegsark
- 1/4 kopp soltorkad tomatpesto
- 1/4 kopp hackade Kalamata-oliver
- 1/4 kopp smulad fetaost
- 1/4 kopp hackad färsk persilja

INSTRUKTIONER:

a) Värm ugnen till 400°F (200°C) och klä en plåt med bakplåtspapper.
b) Tina smördegen enligt anvisningar på förpackningen.
c) Kavla ut smördegsarket och skär det i tunna strimlor.
d) Bred ut ett tunt lager soltorkad tomatpesto längs varje remsa.
e) Strö hackade Kalamata-oliver, smulad fetaost och hackad färsk persilja över varje remsa.
f) Vrid varje remsa försiktigt och lägg dem på den förberedda bakplåten.
g) Grädda i 12-15 minuter eller tills de är svullna och gyllenbruna. Servera varm.

97.Nötiga Caramel Twists

INGREDIENSER:

- 1 paket smördegsark
- 1/4 kopp kolasås
- 1/4 kopp hackade nötter (som valnötter eller pekannötter)
- 2 msk farinsocker
- 1/2 tsk mald kanel

INSTRUKTIONER:

a) Värm ugnen till 400°F (200°C) och klä en plåt med bakplåtspapper.
b) Tina smördegen enligt anvisningar på förpackningen.
c) Kavla ut smördegsarket och skär det i tunna strimlor.
d) Bred ut ett tunt lager kolasås längs varje remsa.
e) Strö hackade nötter, farinsocker och mald kanel över varje remsa.
f) Vrid varje remsa försiktigt och lägg dem på den förberedda bakplåten.
g) Grädda i 12-15 minuter eller tills de är svullna och gyllenbruna. Servera varm.

98. Hallon Cream Cheese Twists

INGREDIENSER:

- 1 paket smördegsark
- 1/4 kopp hallonsylt eller sylt
- 4 uns färskost, mjukad
- 2 matskedar strösocker
- 1/2 tsk vaniljextrakt
- 1 ägg, vispat (för äggtvätt)

INSTRUKTIONER:

a) Värm ugnen till 400°F (200°C) och klä en plåt med bakplåtspapper.
b) Tina smördegen enligt anvisningar på förpackningen.
c) Kavla ut smördegsarket och skär det i tunna strimlor.
d) I en skål, blanda ihop färskost, strösocker och vaniljextrakt tills det är slätt.
e) Bred ut ett tunt lager hallonsylt längs varje remsa.
f) Lägg en liten klick av färskostblandningen ovanpå hallonsylten.
g) Vrid varje remsa försiktigt och lägg dem på den förberedda bakplåten.
h) Pensla tvistarna med uppvispat ägg för en blank finish.
i) Grädda i 12-15 minuter eller tills de är svullna och gyllenbruna. Servera varm.

99.Citron Blåbär Twists

INGREDIENSER:

- 1 paket smördegsark
- 1/4 kopp lemon curd
- 1/4 kopp färska blåbär
- 1 matsked strösocker
- 1 tsk citronskal

INSTRUKTIONER:

a) Värm ugnen till 400°F (200°C) och klä en plåt med bakplåtspapper.
b) Tina smördegen enligt anvisningar på förpackningen.
c) Kavla ut smördegsarket och skär det i tunna strimlor.
d) Bred ut ett tunt lager lemon curd längs varje remsa.
e) Lägg några blåbär ovanpå lemon curd.
f) Strö strösocker och citronskal över varje remsa.
g) Vrid varje remsa försiktigt och lägg dem på den förberedda bakplåten.
h) Grädda i 12-15 minuter eller tills de är svullna och gyllenbruna. Servera varm.

100. Maple Pecan Twists

INGREDIENSER:

- 1 paket smördegsark
- 1/4 kopp lönnsirap
- 1/4 kopp hackade pekannötter
- 2 msk farinsocker
- 1/4 tsk mald kanel

INSTRUKTIONER:

a) Värm ugnen till 400°F (200°C) och klä en plåt med bakplåtspapper.
b) Tina smördegen enligt anvisningar på förpackningen.
c) Kavla ut smördegsarket och skär det i tunna strimlor.
d) Pensla varje remsa med lönnsirap.
e) Blanda hackade pekannötter, farinsocker och mald kanel i en liten skål.
f) Strö pekannötsblandningen jämnt över varje remsa.
g) Vrid varje remsa försiktigt och lägg dem på den förberedda bakplåten.
h) Grädda i 12-15 minuter eller tills de är svullna och gyllenbruna. Servera varm.

SLUTSATS

Vi hoppas att den här kokboken har väckt din passion för att skapa läckra brödpinnar, kringlor och twists i ditt eget kök. Vi har delat med dig av våra favoritrecept, tips och tekniker, vilket ger dig möjlighet att experimentera och göra dessa godsaker till dina egna. Oavsett om du serverar dem som en förtjusande förrätt på en fest eller njuter av ett lugnande mellanmål på en mysig kväll, känner glädjen med hembakade brödpinnar, kringlor och twists inga gränser.

Kom ihåg att konsten att baka är ett aldrig sinande äventyr. Var inte rädd för att tänja på gränserna, utforska nya smakkombinationer och ingjuta din egen personlighet i dessa recept. Dela dina skapelser med nära och kära, utbyt berättelser och tips med andra bagare och njut av tillfredsställelsen av att veta att du har skapat något alldeles speciellt.

Vi hoppas innerligt att den här kokboken har inspirerat dig att omfamna magin med brödpinnar, kringlor och vändningar och att den blir en älskad följeslagare i ditt kök. Må din deg alltid jäsa, dina smaker alltid vara djärva och dina skapelser alltid slukas med förtjusning. Glad bakning!